# CÓMO TENER ÉXITO EN ACEPTARTE
# A TI MISMO

*Hallando la*

*confianza para*

*alcanzar tu destino*

# JOYCE MEYER

Publicado por
Editorial **Carisma**
Miami, Fl. 33172
Derechos reservados

Primera edición 2000

© 1999 por Joyce Meyer
Life In the Word, Inc.
P.O. Box 655 Fenton, Missouri 63026
Originalmente publicado en inglés con el título:
*How to Succeed at Being Yourself* por Harrison House, Inc.
Tulsa, Oklahoma

Traducido al español por: María Ramsay

Citas bíblicas tomadas de la Santa Biblia, revisión 1960
© Sociedades Bíblicas Unidas
Otras citas marcadas B.d.l.A. "Biblia de las Américas"
© 1986 The Lockman Foundation.
Usadas con permiso.

Producto 550139
ISBN 0-7899-0786-0
Impreso en Colombia
*Printed in Colombia*

# Contenido

# & Introducción

# INTRODUCCIÓN

Este libro es acerca de conocerte a ti mismo, aceptarte a ti mismo y cumplir tu destino ordenado por Dios.

Durante mis años ministrando a otros, he descubierto que la mayoría de la gente realmente no se quiere a sí misma. Esto es un problema muy grande, mucho más grande de lo que uno inicialmente pensaría.

**Para que [realmente] habite [radique, permanezca, haga Su casa permanente] Cristo por la fe en vuestros corazones, a fin de que arraigados cimentados en amor...**

**EFESIOS 3:17**

Si no nos llevamos bien con nosotros mismos, no nos llevaremos bien con otras personas. Cuando nos rechazamos, nos parecerá que otros también nos rechazan. Las relaciones interpersonales constituyen una gran parte de nuestra vida. Cómo nos sentimos acerca de nosotros mismos es un factor determinante para nuestro éxito en la vida y en nuestras relaciones.

Cuando me encuentro rodeada de personas inseguras, tiendo a sentirme insegura acerca de ellos también. Ciertamente no es la voluntad de Dios para sus hijos que se sientan inseguros. La inseguridad es un trabajo del enemigo.

Jesús vino para restaurar nuestras vidas.[1] Una de las cosas que Jesús vino a restaurar fue una autoimagen equilibrada.

## ¿CÓMO TE VES A TI MISMO?

Nuestra autoimagen es la fotografía interna que llevamos de nosotros mismos. Si lo que vemos no es sano y de acuerdo con las Escrituras, sufriremos miedo, inseguridad y varios tipos de conceptos equivocados acerca de nosotros. Noten que he dicho "sufriremos".

Las personas que son inseguras acerca de sí mismas sufren en su mente, en sus emociones, al igual que en su vida social y espiritual. Sé que es así, pues he hablado con miles de ellas. Y lo sé también porque yo misma he sufrido en esta área.

Todavía recuerdo la agonía de estar con personas que yo sentía que no les agradaba, o de querer hacer cosas y no sentirme suficientemente libre para decidir intentarlas. Estudiar la Palabra de Dios y recibir Su amor y aceptación incondicionales ha traído sanidad a mi vida. Y hará lo mismo por ti.

## SALVACIÓN DE LA DESTRUCCIÓN

> *Entonces Zaqueo, puesto en pie, dijo al Señor:*
> *He aquí [ahora], Señor, la mitad de mis bienes doy*
> *[a manera de restitución] a los pobres; y si en algo*
> *he defraudado a alguno, se lo devuelvo*
> *[ahora] cuadruplicado.*
> *Jesús le dijo: Hoy ha venido la salvación [mesiáni-*
> *ca y espiritual] a esta casa [a todos los miembros*
> *de ella]; por cuanto él también es hijo*
> *[espiritual] de Abraham.*
> *Porque el Hijo del Hombre vino a buscar y a salvar*
> *lo que se había perdido.*

> Lucas 19:8-10

Note que el versículo 10 dice "lo que", no "los que". En el versículo anterior vemos que el jefe de recaudadores de impuestos, Zaqueo, y toda su casa recibieron la salvación. Habían estado perdidos y ahora eran salvos, pero su salvación no terminaría ahí.

La declaración que sigue acerca de que Jesús vino a rescatar lo que se había perdido me dice que Él se propone salvarnos no sólo de nuestros pecados, sino también de todo lo que Satanás ha intentado con el fin de arruinar nuestras vidas.

Cada uno de nosotros tiene un destino y debe ser libre para cumplirlo; sin embargo, ese cumplimiento no sucederá mientras estemos inseguros y tengamos una pobre autoimagen.

## ¡DIOS TE APRUEBA!

*Antes que te formase en el vientre te conocí*
*[como mi instrumento escogido]...*

Jeremías 1:5

El propósito de Dios nunca fue que nos sintiéramos mal acerca de nosotros mismos. Él quiere que nos conozcamos bien y aún así que nos aceptemos.

Nadie nos conoce tan bien como Dios. Todavía, aun cuando Él nos conoce y sabe todo de nosotros, incluyendo todas nuestras faltas, aún así nos aprueba y acepta. Él no aprueba nuestra conducta errada, pero está comprometido con nosotros como individuos.

En las páginas siguientes tendrás la oportunidad de aprender la diferencia entre "quién eres" y "lo que haces". Descubrirás que Dios puede odiar lo que tú haces y aún así amarte como persona; Él no tiene problema en separar ambas cosas.

Dios es un Dios de corazones. Él ve tu corazón, no sólo la capa externa [la carne] en la que vivimos y que nos mete en tantos problemas. Pienso que si Dios puede separar las dos, Él puede enseñarnos a hacer lo mismo.

Creo que al leer este libro tu vida tendrá un momento crucial. Con este libro aprenderás a enfrentar tus debilidades y a no odiarte a causa de ellas. Experimentarás sanidad y libertad que permitirán que seas libre para ser tú mismo.

# 1

### &

## *Autoaceptación*

# 1
# AUTOACEPTACIÓN

¿Te gusta como eres? La mayoría de la gente no se gusta a sí misma. Tengo muchos años de experiencia con personas, tratando de ayudarlos a ser completos emocional mental, espiritual, y socialmente. Siento que fue un adelanto muy importante cuando descubrí que la mayor parte de la gente no se quiere a sí misma. Algunos lo saben, mientras que otros no tienen la más mínima idea de cuál es la raíz de muchos de los problemas en su vida.

> **Porque cual es su pensamiento en su corazón, tal es él.**
>
> **PROVERBIOS 23:7**

El autorrechazo e incluso el odiarse a sí mismo son las principales causas de muchos problemas relacionales. Dios quiere que tengamos buenas relaciones. He encontrado que la Biblia es el libro acerca de las relaciones. Encuentro enseñanza acerca de mi relación con Dios, con otras personas y conmigo misma.

## BUSCA LA PAZ EN TUS RELACIONES

> *...[¡No desees simplemente relaciones pacíficas con Dios, con tu prójimo, y contigo mismo, sino consíguelas, trata de lograrlas!]*
>
> 1 Pedro 3:11

La Palabra de Dios no sólo nos insta a tener buenas relaciones, sino que también nos enseña cómo desarrollar y mantener esas relaciones.

Considero muy aclaratoria la forma en que este versículo aparece en *The Amplified Bible*. A medida que lo estudiaba, el Espíritu Santo me revelaba que en primer lugar debo tener paz con Dios. Debo creer que Él me ama. Él no espera hasta que sea perfecta para amarme; Él me ama en forma incondicional y completa en todo momento. En segundo lugar, debo *recibir* Su amor.

Recibir tiene grandes consecuencias. Cuando recibimos de Dios, efectivamente, nos apropiamos de lo que Él ofrece. Si recibimos Su amor, tendremos amor en nosotros. Cuando estamos llenos del amor de Dios, podemos empezar a amarnos a nosotros mismos. Podemos empezar a retribuirle Su amor y a concederlo a otras personas.

Nunca olvides que: *¡No podemos dar lo que no tenemos!*

## EL AMOR DE DIOS

> *... el amor de Dios ha sido derramado en nuestros corazones por el Espíritu Santo que nos fue dado.*

> Romanos 5:5

La Biblia nos enseña que el amor de Dios ha sido derramado en nuestros corazones por el Espíritu Santo que nos fue dado. Eso simplemente significa que cuando el Señor, por medio de su Espíritu Santo, viene a vivir en nuestro corazón por la fe en Su Hijo Jesucristo, Él trae Su amor, porque Dios es amor (1 Juan 4:8).

Todos necesitamos preguntarnos qué estamos haciendo con el amor de Dios que libremente se nos ha dado. ¿Estamos rechazando ese amor porque pensamos que no somos de suficiente valor para merecerlo? ¿Pensamos que Dios es como otras personas que nos han herido y rechazado?, o ¿estamos recibiendo Su amor por fe, creyendo que Él es más grande que nuestros fracasos y debilidades?

¿Qué tipo de relación tienes con Dios, contigo mismo, y finalmente con tu prójimo?

Nunca se me ocurrió, que incluso tengo una relación conmigo misma. Fue algo que nunca pensé hasta que Dios empezó a enseñarme en estas áreas. Ahora me doy cuenta de que paso la mayor parte del tiempo conmigo misma más que con cualquier otra persona, por lo tanto, es muy importante que me lleve bien conmigo.

*Tú eres la única persona de la que nunca te alejas.*

Todos sabemos que es una agonía trabajar día tras día con una persona con la que no nos llevamos bien, pero por lo menos no tenemos que llevarnos a esa persona a nuestra casa en la noche. En cambio, estamos con nosotros mismos todo el tiempo, día y noche. Nunca tenemos un minuto lejos de nosotros, ni siquiera un segundo —en consecuencia, *es de vital importancia que tengamos paz con nosotros mismos.*

## NO PODEMOS DAR LO QUE NO TENEMOS ————

*... de gracia recibisteis, dad de gracia.*

Mateo 10:8

Con la ayuda del Señor aprendí a recibir el amor de Dios, a amarme a mí misma [en una forma equilibrada], a corresponder a Su amor, y a amar a otras personas. Pero, debido a mi historia personal, no fue ni rápido ni fácil.

Me parecía que siempre tenía dificultades para relacionarme, y no sabía por qué. No podía encontrar personas que me gustaran, disfrutar de su compañía y que sintieran lo mismo hacia mí. Mediante la ayuda de Dios, finalmente me di cuenta de cuál era el problema: yo estaba tratando de dar algo que no tenía.

Cuando era una nueva creyente escuché muchos sermones acerca de la importancia de que los cristianos se amaran unos a otros, y yo estaba sinceramente tratando de caminar en amor, pero fracasaba constantemente. Necesitaba obtener una respuesta de Dios en conexión con mi problema específico. Había escuchado con mis oídos que Dios me amaba, pero no lo había creído por mí misma. Puede que lo haya creído en general, pero no personalmente. Tenía el problema y tenía la respuesta, pero no estaba haciendo la conexión correcta entre ambos.

Muchas veces sabemos cuál es nuestro problema, pero parece que no podemos encontrar la solución adecuada a él. Por otro lado, a menudo descubrimos una respuesta en la Palabra de Dios, pero no sabemos cuál es el problema realmente. Dios quiere revelarnos la naturaleza de nuestros verdaderos problemas y la respuesta que encontramos a esos problemas en Su Palabra. Cuando hacemos la conexión adecuada entre ellos, cuando conectamos el problema correcto con la revelación correcta —el diablo emprende la retirada, y la libertad hace su entrada.

Por ejemplo, vi en la Biblia que debía caminar en amor. Yo sabía que tenía un problema con el amor, pero no sabía que mi problema tenía raíces.

Frecuentemente tratamos de abordar los malos frutos en nuestra vida sin nunca llegar hasta la raíz que los causa. Si la raíz permanece, el fruto continuará apareciendo. No importa cuántas veces lo cortemos, irremediablemente volverá a aparecer. Este ciclo produce mucha frustración. Tratamos de hacerlo de la mejor forma posible, y aún así nunca encontramos una solución permanente a nuestras aflicciones.

Yo intentaba desesperadamente mostrar una conducta amorosa, pero había fracasado en recibir el amor de Dios; por lo tanto, no podía dar amor. No tenía nada para dar.

## AMA A TU PRÓJIMO COMO A TI MISMO

*Porque toda la ley [acerca de relaciones humanas] en esta sola palabra se cumple: Amarás a tu prójimo como [tú te amas] a ti mismo.*

Gálatas 5:14

Cuando buscaba respuestas a mis problemas, el Espíritu Santo me hizo descubrir Gálatas 5:14 en una forma que nunca había escuchado antes. Yo tenía problemas matrimoniales. Mi esposo y yo no nos estábamos llevando bien —parecía que no podíamos estar de acuerdo en nada, casi continuamente teníamos conflictos. Eso afectaba en una manera adversa a nuestros hijos. Toda esa ansiedad y confusión estaban afectando mi salud. *¡Necesitaba tener respuestas!*

## LA RESPUESTA ES EL AMOR

*En el amor no hay temor, sino que el perfecto amor echa fuera el temor...*

1 Juan 4:18

Cuando el Espíritu Santo me reveló este versículo, me pregunté: *¿Será posible? ¿*Estaba yo escuchando a Dios correctamente —podía ser tan simple como *"Sí, Cristo me ama, la Biblia dice así"*? Tenía muchos miedos en mi vida, y Juan 4:18 me estaba diciendo que el perfecto amor echa fuera el temor.

He tratado de caminar en el "perfecto amor" y he fracasado diariamente. Pensaba que "perfecto amor" se refería al hecho de amar a otros en forma perfecta. Estaba empezando a ver que el perfecto amor era el amor de Dios hacia mí —Él es el Único que puede amar en forma perfecta.

*El amor de Dios es perfecto aun cuando nosotros no lo somos.*

## AMADO PARA AMAR A OTROS

*Para que [realmente] habite [radique, permanezca, establezca Su casa permanente] Cristo por la fe en vuestros corazones, a fin de que arraigados y cimentados en amor, seáis plenamente capaces de comprender con todos los santos [las personas devotas a Dios, la experiencia de ese amor] cuál sea la anchura, la longitud, la profundidad y la altura [de ese amor].*

Efesios 3:17-18

Mientras meditaba en estos versículos y otros similares, me sentí como un ciego que veía por primera vez. *Mi problema era falta de amor.* Nunca había recibido amor verdadero en mi vida; por lo tanto nunca aprendí a amarme en una forma apropiada. Ni siquiera me gustaba como era, había dejado de lado el amarme a mí misma.

Si nadie más nos ama, no vemos por qué debemos amarnos. Si otros no nos aman, pensamos que no somos dignos de ser amados.

Debemos amarnos —no en forma egoísta, centrada en uno mismo que produce un estilo de vida desenfrenada, sino equilibradamente, en forma santa, en una forma que simplemente afirma que la creación de Dios es buena y justa. Podemos deteriorarnos por el paso de los años y por las experiencias difíciles que hemos debido afrontar, pero eso no significa que no tengamos valor, que seamos buenos para nada y sólo seamos dignos del recipiente de la basura.

Debemos tener el tipo de amor que dice: "Puedo amar lo que Dios ama. No me gusta todo lo que hago, pero me acepto, porque Dios me acepta". Debemos desarrollar un amor maduro que dice: "Sé que necesito cambiar, y quiero cambiar. De hecho, creo que Dios me está cambiando cada día, pero mientras eso sucede, no voy a rechazar lo que Dios acepta. Me aceptaré como soy ahora, sabiendo que no permaneceré así".

Nuestra fe nos da esperanza para el futuro. Como Él lo hizo con los israelitas, Dios nos ayudará a conquistar a nuestros enemigos [nuestras "trabas"] poco a poco (Deuteronomio 7:22). Él nos transformará de gloria en gloria mientras miramos Su Palabra (2 Corintios 3:18). Él es el autor y consumador de nuestra fe (Hebreos 12:2). Él comenzó en nosotros la buena obra, y la perfeccionará hasta el día de Jesucristo (Filipenses 1:6).

Una vez que recibimos el amor de Dios y empezamos a amarnos y aceptarnos, ese hecho mejora nuestra relación con Él. Mientras no aceptemos Su amor, el ciclo está incompleto. Sólo podemos amarlo a Él, porque Él nos amó primero (1 Juan 4:19).

Todos sabemos lo frustrante que es tratar de dar un regalo a alguien que sigue rechazándolo. Me gusta sorprender a las personas y darles algo que quieren o necesitan. He tenido la experiencia de planificar una sorpresa, ir de compras, gastar mi dinero, tener todo listo y cuando entregué mi regalo, la persona estaba tan insegura que no sabía cómo recibir mi regalo con gratitud.

La inseguridad y sentimientos de ser de poco valor nos incapacitan para saber recibir. Podemos sentir que debemos merecer cada cosa que obtenemos. Podemos pensar: "¿Por qué alguien querría simplemente *darme* algo?" Podemos llegar a ser muy suspicaces: "¿Qué motivo tiene? ¿Qué quieren de mí? ¿Qué están tratando de conseguir?"

Hay ocasiones en que trato de dar algo a alguien, y he gastado tanto tiempo y energía tratando de convencerlos que quiero que lo reciban, que la situación llega a ser muy incómoda. ¡Sólo quiero que lo reciban! Y quiero que muestren su aprecio por mi regalo simplemente por recibirlo y disfrutarlo.

Si nosotros como humanos nos sentimos así, ¿cuánto más sentirá Dios cuando trata de dar Su amor, gracia y misericordia, y nosotros lo rechazamos por un falso sentimiento de humildad o indignidad? Cuando Dios se acerca para amarnos, Él está tratando de empezar un ciclo que no sólo nos bendecirá a nosotros, sino a muchos otros también.

El plan de Dios es éste: Él quiere que recibamos Su amor, que nos amemos a nosotros mismos en una manera equilibrada y santa, que respondamos amándolo a Él generosamente, y finalmente, que amemos a las personas que lleguen a nuestra vida.

Hemos fracasado en seguir ese plan por muchos años. Ni siquiera estamos amando a otros con nuestro propio amor, menos aun con el amor de Dios. Recuerden: ¡No teníamos amor para amar hasta que Dios nos amó primero!

## ¿ACEPTACIÓN O RECHAZO? _____

> *Y vio Dios todo lo que había hecho, y he aquí que*
> *era bueno [adecuado, agradable] en gran manera.*
> *Y fue la tarde y la mañana el día sexto.*
>
> Génesis 1:31

Rechazarnos a nosotros mismos no nos cambia, en realidad multiplica nuestros problemas. La aceptación nos hace enfrentar la realidad y abordarla. No podemos abordar nada si continuamos rechazando su realidad o negándola.

El diccionario *Webster's II New College Dictionary* define aceptar en parte como: "1. Recibir [algo ofrecido], esp voluntariamente. 2. Ser admitido en un grupo o lugar. 3.a. Que es considerado como habitual, adecuado, correcto. b. Que es considerado como verdadero".[1]

Deduzco de esta definición que la aceptación involucra la voluntad. Si aplico esta definición a la autoaceptación, veo que puedo elegir aceptarme o no aceptarme a mí misma. Dios me ofrece la oportunidad de aceptarme tal como soy, pero tengo una voluntad libre y puedo rechazar esa oportunidad si así lo decido. También veo en esta definición que cuando algo es aceptado, es considerado como habitual, adecuado y correcto.

Las personas que se rechazan a sí mismas lo hacen porque no pueden verse a sí mismas como adecuadas y correctas. Sólo ven sus caídas y debilidades, no su belleza y fortaleza. Esta es una actitud no equilibrada, la que probablemente fue fomentada por las figuras de autoridad en el pasado que se enfocaban más en lo que era débil o equivocado que en lo que era fuerte y correcto.

La palabra *aceptación* en el mismo diccionario es definida en parte como "aprobación" o "acuerdo"[2]. Si tenemos problemas en aceptarnos a nosotros mismos como somos, sugiero que debemos estar de acuerdo con Dios en que lo que Él creó es bueno —y eso nos incluye a nosotros.

En Amós 3:3 leemos: *¿Andarán dos juntos, si no estuvieran de acuerdo?* Para caminar con Dios debemos estar de acuerdo con Dios. Él dice que nos ama y que nos acepta, si estamos de acuerdo con Él, ya no debemos odiarnos y rechazarnos a nosotros mismos.

Necesitamos estar de acuerdo con Dios en que cuando nos creó, Él creó algo bueno.

Déjenme enfatizar una vez más que sé que no todo lo que hacemos es bueno, pero en este momento estamos hablando de nosotros mismos no de nuestra conducta. Más adelante en el libro trataré en detalle cómo ve Dios lo que hacemos; por ahora en este primer capítulo estamos preocupados en saber quiénes somos ante los ojos de Dios.

Puede que te encuentres en el mismo punto que yo estaba cuando Dios empezó a revelarme estos principios. Tú ves las cosas en ti que necesitan ser cambiadas, y es muy difícil para ti pensar o decir, "me acepto a mí mismo". Sientes que al hacer eso estás aceptando todo lo que está mal en ti, pero no es así.

Personalmente creo que ni siquiera podemos empezar el proceso de cambio hasta que este asunto esté claro en nuestras vidas.

## EL CAMBIO REQUIERE CORRECCIÓN

*Porque el Señor al que ama, disciplina, y azota a*
*todo el que recibe por hijo.*

Hebreos 12:6

Esta verdad acerca de la corrección y de la disciplina de Dios hacia los que ama es verificada por Jesucristo mismo en Apocalipsis 3:19 cuando dice: *Yo reprendo y castigo* [disciplino e instruyo] *a todos los que* [profunda y tiernamente] *amo; sé, pues, celoso, y arrepiéntete* [cambiando tu mente y actitud].

El cambio requiere corrección —a las personas que no saben que son amadas les cuesta mucho recibir la corrección. La corrección no sirve para nada si no es recibida.

A través de los años, relacionándome con mis hijos y con cientos de empleados, he descubierto que la corrección debe ser entregada con amor. En otras palabras, para que mi corrección sea fructífera, las personas a quienes corrijo deben saber que las amo y son importantes para mí.

Puedo pasar mucho tiempo corrigiendo a alguien, pero mi tiempo estará perdido si esa persona no recibe lo que le digo. De la misma manera, cuando Dios tiene el propósito de cambiarnos, Él tiene que corregirnos. No recibiremos apropiadamente Su corrección si no tenemos una revelación referente a Su amor por nosotros. Puede que escuchemos Su corrección, e incluso estar de acuerdo con ésta, pero sólo logrará que nos sintamos enojados y condenados si no somos capaces de darnos cuenta de que es eso lo que necesitamos para lograr el cambio en nuestra vida.

## DEBES ESTAR SEGURO DEL AMOR DE DIOS HACIA TI.

*Por lo cual estoy seguro [sin duda] de que ni la muerte, ni la vida, ni ángeles, ni principados, ni potestades, ni lo presente, ni lo por venir, ni lo alto, ni lo profundo, ni ninguna otra cosa creada nos podrá separar del amor de Dios, que es en Cristo Jesús Señor nuestro.*

Romanos 8:38,39

No podemos confiar, a menos que sepamos que somos amados. Para crecer en el Señor y ser cambiados, debemos confiar en Él. Él nos guiará a menudo en maneras que no podemos entender, y en esos momentos deberemos agarrarnos fuertemente de Su amor por nosotros.

El apóstol Pablo estaba convencido de que nada podría separarlo del amor de Dios en Jesucristo. Necesitamos tener esa misma seguridad acerca del eterno amor de Dios por nosotros como individuos.

Acepta el amor de Dios por ti y haz de ese amor la base para el amor y aceptación de ti mismo. Recibe Su afirmación, sabiendo que estás cambiando y llegando a ser lo que Él quiere que seas. Entonces empieza a gozar de ti mismo –donde tú estás– en el camino hacia la madurez espiritual completa.

# 2

&

## Tu autoimagen afecta tu futuro

# 2
# TU AUTOIMAGEN AFECTA TU FUTURO

Y a hemos afirmado que la inseguridad causada por una pobre autoimagen afecta todas nuestras relaciones. Veremos que además afecta mucho nuestro futuro.

Si tienes una imagen de ti mismo pobre, ya ha afectado tu pasado, pero puedes sanar y no dejar que el pasado se repita. Veamos qué hay detrás de todo eso, incluyendo todo lo negativo que has sentido acerca de ti mismo, y avanza de prisa hacia las cosas que Dios tiene para ti.

*Y él [el lisiado] inclinándose, dijo: ¿Quién es tu siervo, para que mires a un perro muerto como yo?*

**2 SAMUEL 9:8**

## DIOS TIENE PLANES PARA CADA UNO DE NOSOTROS

*Porque somos, hechura suya [de su mano de obra], creados en Cristo Jesús [el primogénito] para buenas obras, las cuales Dios preparó de antemano para que anduviésemos en ellas [para vivir la vida buena que Él preparó con anticipación para que la viviéramos].*

Efesios 2:10

Dios tiene un buen plan para cada uno de nosotros, pero no todos lo experimentan. Muchas veces vivimos muy por debajo del nivel que Dios se propuso que gozáramos.

Durante muchos años no hice uso de mis derechos y privilegios como hija de Dios. Esto ocurrió por dos razones:

primero, ni siquiera sabía que tenía derechos y privilegios. Aunque era cristiana y creía que iría al cielo cuando muriera, no sabía que algo podía hacerse acerca de mi pasado, presente o futuro; en segundo lugar, vivía muy por debajo del nivel de vida que Dios quería para mí y eso era debido a la manera equivocada en que me percibía y sentía acerca de mí misma. Tenía una autoimagen muy pobre, y eso afectaba mi vida a diario y por supuesto mis expectativas acerca del futuro.

## ¡DIOS TIENE PLANES PARA TI!

*Porque yo sé los pensamientos que tengo acerca de vosotros, dice Jehová, pensamientos de paz, y no de mal, para daros el fin que esperáis.*

Jeremías 29:11

Si tienes una autoimagen pobre, como yo la tenía, te recomiendo que leas la historia de Mefi-boset, que se encuentra en el capítulo nueve del segundo libro de Samuel. Esta historia tuvo un gran impacto en mi vida, y creo que también lo tendrá en la tuya. Te ayudará a ver que no solamente estás viviendo debajo del nivel de bienestar que Dios quiere para ti ahora, sino que también estás en peligro de estar omitiendo lo que Dios tiene en mente para ti en el futuro.

## ¿HAY ALGUNO A QUIÉN YO PUEDA BENDECIR?

*Dijo David: ¿Ha quedado alguno de la casa de Saúl, a quien haga yo misericordia por amor de Jonatán?*

2 Samuel 9:1

Mefi-boset era el nieto del rey Saúl y el hijo de Jonatán, que había sido un amigo muy cercano de David [con quien había hecho un pacto]. Jonatán y su padre Saúl habían muerto en batallas, y ahora David era el rey.

David tenía el deseo de bendecir a alguien de la familia de Saúl, por consideración a Jonatán. Él preguntó si quedaba algún descendiente de Saúl a quien él pudiera mostrar bondad. Uno de los sirvientes contestó que Mefi-boset estaba vivo y vivía en un pueblo llamado Lodebar.

El nombre *Lodebar* significa "sin pasto".[1] En una sociedad agrícola, un lugar sin pasto era probablemente un lugar de pobreza. ¿Por qué sería posible que el nieto de un rey viviera en un lugar así? ¿Por qué no había ido al palacio a reclamar sus derechos y privilegios como descendiente de Saúl, eso sin mencionar sus derechos y privilegios como hijo de Jonatán, que tenía un pacto con el rey en ejercicio? Él con toda seguridad entendía lo que significaba tener una relación basada en un pacto con alguien; todos entendían eso en aquella época. Él sabía que el pacto entre su padre Jonatán y el rey David se extendía a sus hijos y descendientes.

En el Israel antiguo, cuando dos personas establecían una relación de pacto, cada cosa que ellos poseían estaba a disposición del otro. La relación de pacto también significaba que se ayudarían el uno al otro, que lucharían el uno por el otro, que harían cualquier cosa para cubrir las necesidades del otro. Sí, Mefi-boset, el hijo legítimo de Jonatán, que tenía un pacto con el rey David, vivía en la pobreza. ¿Por qué? La razón podemos encontrarla mirando a los últimos días del reino del rey Saúl, el abuelo de Mefi-boset.

Cuando en el palacio se supo la noticia de la muerte de Saúl y de Jonatán en una batalla, Mefi-boset era sólo un niño. Cuando su nodriza escuchó la terrible noticia, arrancó del palacio llevándolo en sus brazos, pues temía que David tratara de vengarse en el niño debido al maltrato que

Saúl dio a David. Durante la huida, Mefi-boset cayó y como resultado quedó lisiado de sus pies. (2 Samuel 4:4)

Cuando David pidió que lo fueran a buscar y Mefi-boset llegó ante la presencia del rey, se arrodilló y estaba temeroso. David le dijo que no temiera pues él sólo quería demostrarle bondad. La respuesta de Mefi-boset es un importante ejemplo del tipo de autoestima pobre que todos debemos superar.

## LA IMAGEN DE UN PERRO MUERTO [o la imagen de una persona sin importancia]

> *Y vino Mefi-boset, hijo de Jonatán hijo de Saúl, a David, y se postró sobre su rostro e hizo reverencia. Y dijo David: Mefi-boset. Y él respondió: He aquí tu siervo. Y le dijo David: No tengas temor, porque yo a la verdad haré contigo misericordia por amor de Jonatán tu padre, y te devolveré todas las tierras de Saúl tu padre [abuelo]; y tú comerás siempre a mi mesa. Y él inclinándose, dijo: ¿Quién es tu siervo, para que mires a un perro muerto como yo?*
>
> 2 Samuel 9:6-8

Mefi-boset tenía una autoestima pobre, la imagen de un perro muerto. No pensaba muy bien de sí mismo, en vez de verse como un legítimo sucesor del legado de su padre y abuelo, se veía a sí mismo como alguien digno de rechazo. Si esto no fuera cierto, él ya habría ido al palacio mucho tiempo atrás a reclamar su herencia.

Una autoimagen pobre nos hace actuar con miedo en vez de fe. Miramos a lo que está mal en nosotros, en lugar de mirar a lo que está bien en Jesús. Él llevó nuestros pecados para darnos Su justicia (2 Corintios 5:21). Necesitamos vivir tomando en cuenta esa verdad.

Cuando vi este pasaje, me di cuenta de que yo también tenía la imagen de un perro muerto, y eso estaba impidiendo que llegara a desarrollar todo mi potencial como persona y evitando que lograra lo que podía obtener en la vida. Empecé a cambiar la actitud que tenía acerca de mí misma. Necesité mucho tiempo y mucha ayuda del Espíritu Santo, pero decidí que no iba a vivir sin tomar en cuenta las bendiciones que Jesús había provisto para mí.

La Palabra de Dios dice que debido a su pacto con nosotros, podemos ser la cabeza y no la cola, que estaremos por encima solamente y no debajo (Deuteronomio 28:13). Estoy segura de que, tal como yo, has sido la cola por mucho tiempo. Ha llegado la hora que te pongas de pie y empieces a recibir la herencia a la que tienes derecho.

David bendijo a Mefi-boset. Le concedió sirvientes y tierras y proveyó para todas sus necesidades. La historia termina diciendo: *Y moraba Mefi-boset en Jerusalén, porque comía siempre a la mesa del rey; y estaba lisiado de ambos pies* (2 Samuel 9:13).

Realmente, me encanta el final de la historia. Relaciono la cojera de Mefi-boset con nuestras propias debilidades. También podemos ser amigos y comer con nuestro rey Jesucristo —a pesar de nuestras faltas y debilidades. Todavía tenemos un pacto con Dios, sellado y confirmado por la sangre de Jesucristo. Sangre de pacto fue, y todavía es, una de los acuerdos más profundos que puede realizarse entre dos partes.

Ofrecemos a Dios lo que tenemos, y Él nos da lo que Él tiene. Él toma todos nuestros pecados, faltas, debilidades, y nos da Su habilidad, Su justicia, y su fuerza. Él toma nuestra pobreza, y nos da Su riqueza. Él toma nuestras dolencias y enfermedades, y nos da su sanidad y salud. Él toma nuestro pasado estropeado y lleno de fracasos, y nos da esperanza y un futuro brillante.

En nosotros mismos no somos nada, nuestra justicia es como un trapo de inmundicia o una vestimenta contaminada (Isaías 64:6). Pero en Cristo tenemos un futuro que merece ser esperado. Los términos "en Cristo", dicho de manera muy simple, significan que hemos depositado nuestra fe en Él, en lo que se refiere a cada aspecto de nuestras vidas. Tenemos un pacto con el Dios Todopoderoso. ¡Esto es un pensamiento grandioso!

## ¿ERES UNA LANGOSTA?

*También vimos allí gigantes, y éramos nosotros, a nuestro parecer, como langostas; y así le parecíamos a ellos.*

Números 13:33

Otra historia que me impresionó mucho se encuentra en el libro de Números capítulo trece. Moisés envió a doce hombres a explorar la Tierra Prometida para que vieran si era buena o mala. Diez de esos hombres regresaron entregando un informe muy negativo (Números 13:32). Sólo dos de los exploradores, Caleb y Josué, tenían la actitud que Dios quería que tuvieran.

Cuando los doce exploradores volvieron de su viaje, dijeron a Moisés: *Nosotros llegamos a la tierra a la cual nos enviaste, la que ciertamente fluye leche y miel...* (Números 13:27). Luego dijeron: *Mas el pueblo que habita aquella tierra es fuerte, y las ciudades muy grandes y fortificadas; y también vimos allí a los hijos de Anac [de gran estatura y valentía]* (Números 13:28). En otras palabras, ¡la tierra es buena, pero hay gigantes en ella! El miedo a los gigantes impidió que ellos entraran a la tierra que Él había prometido darles. Ellos sólo vieron a los gigantes; fracasaron en ver a Dios.

No fueron realmente los gigantes que vencieron a esta gente, fue su autoimagen pobre. Fue la actitud equivocada acerca de sí mismos. Vieron a otros como gigantes y a sí mismos como langostas.

Josué y Caleb fueron los únicos que tuvieron la actitud correcta respecto de la tierra. Ellos dijeron a Moisés y a la gente: ...*Subamos luego, y tomemos posesión de ella; porque más podremos nosotros que ellos* (Números 13:30). Y al final, Dios permitió que ellos dos fueran los únicos que llegaran a la Tierra Prometida.

Dios tenía un glorioso futuro planificado para *todos* los israelitas, pero no *todos* ellos llegaron a ver ese futuro — sólo lo vieron los que tenían la actitud correcta acerca de Dios y de sí mismos.

"Subamos luego, y tomemos posesión de ella". ¡Esa es una declaración victoriosa! ¡Es una excelente actitud!

Este hecho ocurrió hace miles de años, y aún hoy me inspira. Podemos tener una autoimagen de perro muerto o de langosta, pero ambas afectarán adversamente nuestro futuro. Vemos la prueba de eso, en las historias de Mefi-boset y la de los doce exploradores. Sea lo que sea que Dios haya planificado para nosotros, no lo experimentaremos nunca a menos que estemos de acuerdo con Él.

Dios no tiene una mala actitud hacia ti; por lo tanto, ¡tú no deberías tenerla acerca de ti mismo! El apóstol Pablo quería hacer las cosas correctamente, pero se dio cuenta de que estaba creciendo y aprendiendo y que nunca manifestaría ciento por ciento de perfección.

## ¡SIGUE ADELANTE!

*No que lo [lo ideal] haya alcanzado ya, ni que ya
sea perfecto; sino que prosigo para ver si logro
asir [agarrar] aquello para lo cual fui también
asido por Cristo Jesús [el Mesías].*

Filipenses 3:12

En el versículo siguiente, Pablo dice que ha olvidado lo que quedó atrás y que se esfuerza para ver lo que le espera más adelante.

Vemos este principio muchas veces en la Palabra de Dios. El profeta Isaías tuvo la misma revelación cuando transmitió el mensaje de Dios: *No os acordéis [insistentemente] de las cosas pasadas, ni traigáis a memoria las cosas antiguas. He aquí yo hago cosa nueva...* (Isaías 43:18-19).

Creo que Dios ha permitido que leas este libro porque Él quiere hacer algo nuevo en ti y en tu vida.

Prácticamente, cada persona necesita hacer algo para mejorar su autoimagen. Se necesita tiempo para realmente entender la esperanza que Dios quiere darnos acerca de nuestro propio crecimiento.

Para darme cuenta de toda la esperanza que Dios tiene para mí, todo lo que necesito es recordar cómo era yo en el momento en que Dios me llamó a un ministerio de jornada completa. Estoy segura de que yo no era el tipo de persona que el mundo habría elegido para hacer lo yo estoy haciendo ahora. De hecho, creo que muchas personas se habrían dado por vencidas respecto de mí.

Es tan maravilloso y alentador el hecho de saber que cuando todos los demás sólo ven nuestras faltas, Dios continúa viendo nuestras posibilidades.

Cuando Dios empezó a usarme para ministrar a otros, todavía tenía muchos hábitos malos en mi propia vida. Necesitaba mucha purificación. Yo amaba sinceramente a Dios, y quería hacer lo correcto, pero tenía muy poco conocimiento acerca de Sus mandamientos. Yo sabía los diez mandamientos, iba a la iglesia y trataba de ser "buena". Añadí algunas "buenas obras" y esperaba que fuera suficiente para llevarme a "las calles doradas", pero no tenía una victoria real en mi vida diaria.

Era sincera, pero muy pobre en mi entendimiento de la verdad. Tenía problemas múltiples. Cuando niña fui abusada sexualmente por muchos años, y sus secuelas todavía me estaban destruyendo. También había sido herida en muchas relaciones interpersonales y no sabía lo que era el amor verdadero.

Tenía una personalidad basada en la vergüenza y dominada por la culpa; todo eso provenía del abuso que sufrí, y que afectó cada área de mi vida. Obviamente, no me amaba. Definitivamente, tenía una autoimagen muy pobre. Yo era extremadamente insegura y miedosa. Externamente me proyectaba como independiente y autosuficiente, como alguien que no necesita de nadie, como alguien a quien no le importa lo que los demás piensen de ella. Debo haber parecido muy atrevida y agresiva a las personas que no me conocían bien. Sin embargo, mi vida exterior no coincidía con mi vida interior. Internamente, yo estaba muy confundida; y aun así Dios me llenó con Su Espíritu Santo y me hizo saber que quería usarme para ministrar a otros.

El Señor no esperó que yo estuviera totalmente "arreglada o reparada" antes de preocuparse de mí. Él empezó conmigo en el punto en que yo realmente estaba y Él ha sido quien me ha llevado al punto en que hoy me encuentro. Estoy convencida de que hará lo mismo contigo.

## DIOS TE ENCONTRARÁ DONDE TÚ ESTÁS —————

> *Y oyó Dios la voz del muchacho; y el ángel de Dios llamó a Agar desde el cielo, y le dijo: ¿Qué tienes, Agar? No temas; porque Dios ha oído la voz del muchacho en donde está.*

> Génesis 21:17

En la Biblia encontramos que cuando la gente está en problemas, Dios los encuentra donde están y los ayuda. Gracias a Dios que Él no espera a que nosotros encontremos la manera de llegar a Él, sino que Él viene a nosotros.

Agar, la sierva de Sara, y su hijo Ismael se encontraban en el desierto y estaban en peligro de muerte; llegaron a esa situación después de que Sara y Abraham los echaron de la casa. Dios había dicho a Abraham que llevara a cabo la sugerencia de Sara de separar a Ismael [el hijo de su propio esfuerzo] de Isaac [el hijo de la promesa].

Sin embargo, Dios no había terminado con Ismael. No lo estaba echando fuera, como pudiera haber parecido en ese momento, sino que lo estaba haciendo avanzar hacia otro capítulo en su vida.

No cabe duda de que Ismael pudo haber sido considerado como un error. Dios había dicho a Abram y Sarai [posteriormente renombrados como Abraham y Sara] que Él les daría un hijo. Ellos, como muchos de nosotros, se cansaron de esperar en Dios y empezaron a seguir su propio plan. Cometieron un error, pero no por eso Dios dejó de trabajar en ellos.

Sarai dio a su sierva Agar a Abram para que fuera su concubina. Ella pidió a él que tuviera relaciones sexuales con Agar, ya que ella era estéril. Ella pensó que así tendrían al hijo prometido por Dios. Pero lo que ella hizo no tenía nada que ver con el plan de Dios, y de hecho provocó muchos problemas, como podemos ver en Génesis del capítulo dieciséis al dieciocho. A medida que estudiamos estos capítulos, da la impresión de que todos estaban cometiendo errores. No obstante, Dios conocía sus corazones y estaba esperando pacientemente para corregir y salvar el lío que estaban causando.

Dios a menudo convierte los errores en milagros. El abuso del que fui víctima cuando niña fue definitivamente un error y nunca debería haber sucedido. Fue un error no sólo hacia mí, sino también para los otros involucrados. Sin embargo, ya que Dios es tan grande, Él convirtió ese error en un ministerio que está siendo de ayuda para otros. Dios me encontró donde yo estaba, y aunque otras personas podrían haberme rechazado pensando que no era idónea para el ministerio, Dios me aceptó.

## DIOS ELIGE LO QUE OTROS NO ESCOGERÍAN —¡PERSONAS COMO TÚ Y YO!

*...sino que lo necio del mundo escogió [deliberadamente] Dios, para avergonzar a los sabios; y lo débil del mundo escogió Dios [deliberadamente], para avergonzar a lo fuerte; y lo vil del mundo y lo menospreciado escogió Dios, y lo que no es, para deshacer lo que es, a fin de que nadie se jacte [tenga la pretensión de gloriarse] en su presencia.*

1 Corintios 1:27-29

Dios tiene un propósito al elegir a aquellos que son los candidatos menos apropiados para el trabajo. Al hacer eso, Él tiene una puerta abierta al máximo para mostrar Su gracia, misericordia y poder para cambiar las vidas humanas. Cuando Dios usa a personas como yo y a muchos otros, nos damos cuenta de que la fuente no está en nosotros mismos, sino solamente en Él: [esto es] *Porque lo insensato de Dios es más sabio que los hombres, y lo débil de Dios es más fuerte que los hombres* (1 Corintios 1:25).

Cada uno de nosotros tiene un destino, y no hay excusa para no conseguirlo. No podemos usar nuestras debilidades como excusa, porque Dios dice que su poder se perfecciona en la debilidad (2 Corintios 12:9). Tampoco podemos usar nuestro pasado como excusa, porque Dios nos dice a través del apóstol Pablo que si alguno está en Cristo, es una nueva criatura; que las cosas viejas pasaron y que todas son hechas nuevas (2 Corintios 5:17).

Lo que nos aleja de lograr lo que queremos no es cómo nos ve Dios, ese no es el problema. El problema es cómo nos vemos a nosotros mismos. Cada uno de nosotros puede lograr llegar a ser lo que Dios quiere que seamos.

Busca un tiempo para estar contigo y hacer un inventario acerca de cómo te sientes acerca de ti mismo. ¿Cuál es la imagen que tienes de ti? ¿Cuál es la fotografía interna que tienes de ti? Cuando la sacas al exterior y la miras, ¿te pareces a un perro muerto o a una langosta? ¿Ves a una criatura sin esperanza a la que nadie ama? ¿O te ves a ti mismo como recreado a la imagen de Dios, resucitado a una vida totalmente nueva que sólo espera que tú la reclames [la pidas]?

# 3

&

# "¡Estoy bien y ya estoy en camino!"

Todavía no he llegado, y nadie ha llegado todavía. Todos nos encontramos en el proceso de llegar. Gran parte de mi vida, sentí que nunca estaría bien hasta que llegara, pero he aprendido que eso no es la verdad. En mi corazón deseo ser todo lo que Dios quiere que yo sea, y quiero ser como Jesús. Pero mi "carne" no siempre coopera conmigo.

# 3
# "¡ESTOY BIEN, Y YA ESTOY EN CAMINO!"

**Estando persuadido de esto, que el que comenzó en vosotros la buena obra, la perfeccionará hasta el día de Jesucristo.**

**FILIPENSES 1:6**

En Romanos, capítulo siete, Pablo dice que las cosas buenas que él quería hacer, no las hacía; y lo malo que no quería hacer, lo hacía. Él se sentía miserable. Yo puedo identificarme con eso. ¿Y tú? En el versículo 24, él clama: *¿Quién me librará de [las cadenas de] este cuerpo de muerte?* Luego, en el versículo siguiente, como si hubiese recibido una respuesta que fue una revelación para él, dice: *Gracias doy a Dios [Él lo hará] por Jesucristo, Señor [el ungido] nuestro...*

Sí, todos tenemos un camino que recorrer. Estaba muy consciente de cuán lejos debía llegar, y me parecía que Satanás me lo recordaba a diario, a veces cada hora. Tenía una constante sensación de fracaso, y sentía que yo no era lo que necesitaba ser, que no estaba haciendo suficiente, y que debía esforzarme más —y cuando me esforzaba, sólo fracasaba más.

Ahora he adoptado una nueva actitud: "No estoy donde debo estar, pero gracias a Dios, no estoy donde estaba antes; ¡estoy bien, y ya estoy en camino!"

## ¡SIGUE CAMINANDO!

*Mas la senda de los justos [que no vacilan] es*
*como la luz de la aurora, que va en aumento [cada*
*vez más brillante y clara] hasta que el día es*
*perfecto [hasta que alcanza toda su fuerza y gloria].*

Proverbios 4:18

Ahora sé con todo mi corazón, que Dios no está enojado conmigo porque no he llegado. Él está contento que estoy avanzando en el camino donde debo andar. Si tú y yo simplemente seguimos adelante, Dios estará contento con nuestro progreso.

Sigue caminando lo que debes andar. Caminar significa dar un paso a la vez. Esto es algo muy importante que debemos recordar.

Si yo te invito a caminar, tú pensarías que estoy loca si me enojo porque después de dar los primeros pasos, todavía no llegamos a la meta. Podemos entender cosas rutinarias como esa, y sin embargo, nos cuesta tanto entender que Dios espera que nos demoremos en crecer espiritualmente.

No pensamos que algo está mal con un niño de un año de edad porque no puede caminar en forma perfecta. Ellos se caen constantemente, y nosotros seguimos levantándolos, amándolos, vendando sus heridas si es necesario, y seguimos trabajando con ellos. Con toda seguridad, nuestro maravillo Señor puede hacer mucho más por nosotros de lo que nosotros hacemos por nuestros hijos.

## MANTENIENDO EL EQUILIBRIO

*Sed sobrios [mesurados, equilibrados], y velad;*
*porque vuestro adversario el diablo, como león*
*rugiente [furioso de hambre] anda alrededor*
*buscando a quien devorar.*

1 Pedro 5:8

Es muy importante mantener el equilibrio en todas las cosas, porque si no, abrimos la puerta a Satanás.

Hemos estado estudiando cómo lograr una buena autoimagen. Una forma de lograr eso es dándonos cuenta de que no hemos llegado a la perfección, que necesitamos crecer más, pero que mientras tanto, estamos bien. Es verdad que debemos seguir avanzando firmemente, pero gracias a Dios no tenemos que odiarnos y rechazarnos, mientras tratamos de llegar a nuestro destino.

¿Cuál es la actitud cristiana normal y saludable respecto de uno mismo? A continuación les presento algunos pensamientos que reflejan ese tipo de autoimagen sana y centrada en Dios:

1. Sé que Dios me creó, y que Él me ama.

2. Tengo faltas y debilidades, y quiero cambiar. Creo que Dios está trabajando en mi vida. Me está transformando poco a poco, día a día. Mientras Él hace eso, igual puedo gozar de quién soy y de mi vida.

3. Todos tienen faltas, por lo tanto yo no soy un completo fracaso simplemente por el hecho de que no soy perfecto.

4. Trabajaré con Dios para superar mis debilidades, pero tengo que darme cuenta de que siempre habrá algo que tengo que superar; por lo tanto, no me desanimaré cuando Dios me haga ver áreas en mi vida que necesitan cambios.

5. Quiero hacer feliz a la gente y deseo que me quieran, pero mi sentido de valor no depende de lo que otros piensen de mí. Jesús ya demostró el valor que tengo por Su buena voluntad de morir por mí.

6. No me dejaré controlar por lo que la gente diga, piense o haga. Aunque me rechacen totalmente, sobreviviré. Dios ha prometido no rechazarnos y no condenarnos siempre y cuando sigamos creyendo (Juan 6:29)

7. No importa cuan a menudo tenga caídas, no me daré por vencido, porque Dios está conmigo para fortalecerme y sostenerme. Él ha prometido que nunca nos dejará ni abandonará (Hebreos 13:5).

8. Me quiero como soy. No me gusta todo lo que hago, y deseo cambiar, pero me rehúso a rechazarme.

9. Estoy bien con Dios a través de Jesucristo.

10. Dios tiene un buen plan para mi vida. Voy a llegar a mi destino y ser todo lo que puedo ser para Su gloria. Tengo dones y talentos que Dios me ha dado, y me propongo usarlos para ayudar a los demás.

11. ¡No soy nada, y sin embargo soy todo! En mis propias fuerzas no soy nada, pero en Jesucristo soy todo lo que necesito ser.

12. Puedo hacer todo lo que necesite hacer, todo lo que Dios me llame a hacer, a través de Su hijo Jesucristo (Filipenses 4:13).

He aquí algunas sugerencias adicionales para ayudarles a desarrollar y a mantener una actitud equilibrada y una autoimagen saludable:

1. Rechaza y odia tu pecado, pero no te rechaces a ti mismo.

2. Sé rápido para arrepentirte.

3. Sé honesto con Dios y contigo mismo, acerca de ti mismo.

4. Cuando Dios te ilumine, no tengas miedo.

5. Deja de decir cosas negativas y degradantes acerca de ti mismo, pero no te jactes tampoco.

6. No tengas una opinión exagerada acerca de tu importancia, pero tampoco debes mirarte como alguien insignificante.

7. Cuando algo no resulta bien, no asumas siempre que es tu culpa. Pero no tengas miedo de admitir tus errores, si estás equivocado.

8. Ten cuidado de estar pensando en ti todo el tiempo. No medites demasiado acerca de lo que has hecho bien o acerca de lo que has hecho mal. ¡Ambas cosas mantienen la vista puesta en ti! Mantén tu mente centrada en Jesucristo y en Sus principios. *Tú guardarás en completa paz a aquel cuyo pensamiento [tanto sus tendencias como su carácter] en ti persevera...* (Isaías 26:3).

9. Cuídate bien físicamente. Aprovecha bien lo que Dios te ha dado, pero no tengas una actitud excesiva y vana acerca de tu apariencia.

10. Aprende todo lo que puedas, pero no dejes que tu educación llegue a ser un motivo de orgullo. Dios no nos usa debido a nuestra educación, sino debido a la actitud de nuestro corazón inclinado hacia Él.

11. Reconoce tus dones y talentos como regalos, no como algo que tú mismo has logrado. No desprecies a las personas que no pueden hacer lo que tú haces.

12. No menosprecies tus debilidades, ellas te mantienen dependiendo de Dios.

## ¿CÓMO PUEDO CAMBIAR?

*No os conforméis a este siglo [esta época, formada y adaptada según sus costumbres externas y superficiales], sino transformaos [deben cambiar] por medio de la renovación [total] de vuestro entendimiento, [mediante nuevos ideales nuevas actitudes]...*

Romanos 12:2

El cambio no se logra a través de lucha, esfuerzo humano sin Dios, frustración, odiarse a sí mismo, rechazarse, culpa o trabajo de la carne.

El cambio en nuestra vida se obtiene como resultado de que nuestras mentes han sido renovadas por la Palabra de Dios. A medida que concordamos con Dios y realmente creemos que lo que Él dice es cierto, Él empieza a manifestarse gradualmente en nuestras vidas. Empezamos a pensar de otra manera, después empezamos a hablar de otra manera, y finalmente empezamos a actuar de otra manera. Este es un proceso que se desarrolla en etapas, y no debemos olvidar que mientras eso sucede podemos tener la actitud, "estoy bien, y ya estoy en camino".

Debes estar contento contigo mismo mientras estás siendo transformado. Aprecia el lugar donde te encuentras en ese camino que te lleva donde quieres llegar. ¡Disfruta del viaje! No desperdicies el tiempo que tienes "ahora" por tratar de apurarte para llegar al futuro. Recuerda que cada día tiene sus propios problemas (Mateo 6:34).

Quizás hoy te encuentras luchando con tu mal humor, y piensas que si solamente pudieras liberarte en esa área todo estaría bien. El hecho es, que probablemente has olvidado que después Dios te mostrará otra cosa que debes cambiar, y tú volverás a tener el esquema mental antiguo y pensarás: "Si no tuviera este problema, entonces podría ser feliz".

Necesitamos mirar esas cosas de una manera renovada.

## UN CAMINO NUEVO Y VIVO

*Por un camino nuevo y vivo que él nos abrió*
*a través del velo [velo del Santísimo], esto es,*
*de su carne.*

Hebreos 10:20

Bajo el pacto antiguo, la gente tenía que someterse a la Ley; cuando cometían errores tenían que hacer sacrificios para expiar sus culpas. Había muchas leyes, demasiadas para que una persona pudiera cumplirlas. El resultado era trabajo, trabajo, trabajo —personas tratando y fracasando; sintiéndose culpables y haciendo más esfuerzo; fracasando de nuevo y haciendo sacrificios. Era un ciclo interminable que consumía la vida de la gente.

La Ley llegó a la gente en dos tablas de piedras dadas por Dios a Moisés. Como resultado el corazón de la gente se endureció cada vez más al tratar desesperadamente de cumplir la ley.

La Ley, "la dispensación de la muerte", fue reemplazada por la "dispensación del Espíritu", un camino nuevo y vivo.

## ¿LEY O ESPÍRITU?

> *Y si el ministerio de muerte [el ministerio de la Ley] grabado con letras en piedra fue con gloria, tanto que los hijos de Israel no pudieron fijar la vista en el rostro de Moisés a causa de la gloria de su rostro, la cual había de perecer, ¿cómo no será más bien con gloria el ministerio del espíritu? [este ministerio espiritual cuya tarea es hacer que los hombres obtengan y sean gobernados por el Espíritu Santo].*

2 Corintios 3:7-8

Vivir bajo la Ley lleva a la muerte y no a la vida. Para mí, "vivir bajo la Ley" significa que debo hacer todo en forma perfecta; si no lo hago así, me ocasionará problemas con Dios. Significa reglas y reglamentos, sin libertad. Viví bajo la Ley por años, y me despojó de toda mi paz y mi gozo. Estaba viva, y sin embargo estaba llena de muerte.

Muerte en este sentido significa, en realidad, todo tipo de miseria. Un estilo de vida legalista hace que las personas sean tensas y rígidas; hace que, prácticamente, no sepan nada acerca de la misericordia ya que no la reciben de Dios y tampoco la otorgan a los demás.

Cuando estaba tratando de aprender a caminar en amor, me di cuenta de que yo no era una persona muy misericordiosa. Una vez más, Dios me enseñó que no podía dar lo que yo no tenía. No había recibido Su misericordia por mis fracasos; por lo tanto, no tenía misericordia para dar a otras personas. Trataba de seguir todas las reglas y reglamentos: los que me habían dado, los que la iglesia me había entregado, y los miles con que yo había permitido que Satanás programara mi mente. Ni siquiera eran reglas acordes con la Biblia, eran simplemente cosas por las cuales sentirse culpable.

Dios entregó a Moisés diez mandamientos. Una vez leí que en el tiempo que vino Jesús, los líderes religiosos ya habían transformado esos diez mandamientos en aproximadamente 2.200 diferentes reglas y reglamentos que la gente debía seguir. No sé con certeza si realmente eran 2.200 o no, lo que sí sé es que tenían muchos más de lo que una persona pudiera manejar.

Algunas personas tienen más tendencia al legalismo que otras. Incluso nuestros temperamentos naturales pueden contribuir hacia el perfeccionismo o al legalismo. Pero debemos recordar que donde hay legalismo, también hay muerte.

Jesús dijo que Él vino para dar vida (Juan 10:10). La nueva dispensación era una para que por medio de la cual la gente no fuera gobernada por la Ley, sino por el Espíritu de Dios. *¡Era una nueva manera de vivir!* Esta nueva forma, incluía misericordia hacia el fracaso, perdón para el pecado, y en vez de tener sacrificios tener fe en Jesucristo.

Era casi demasiado bueno para ser cierto. Era simple, y algunos lo consideraban demasiado simple. No podían creerlo. Seguían intentando impresionar a Dios con lo bueno que eran. La Biblia dice que somos justificados por la fe no por las obras (Efesios 2:8-9). Cualquier otra forma de intentar obtener justificación y rectitud sólo nos frustrará y agotará.

## ¡HEMOS TERMINADO CON EL LEGALISMO Y ESTAMOS LISTOS PARA UNA NUEVA VIDA!

> *Pero ahora estamos libres de la ley, por haber muerto para aquella en que estábamos sujetos, de modo que sirvamos bajo el régimen nuevo del Espíritu y no bajo el régimen viejo de la letra.*

> Romanos 7:6

Vemos aquí nuevamente que servir a Dios bajo el Nuevo Pacto trae innovación de vida. Es una manera completamente nueva de vivir, y debemos tener nuestras mentes renovadas para eso. Vamos a tener que aprender a pensar de otra manera, acerca de nosotros y acerca de lo que Dios espera de nosotros.

## EL GOZO DEL PROGRESO

> *...con tal que acabe mi carrera con gozo...*

> Hechos 20:24

El apóstol Pablo quería ser todo lo que Dios quería que él fuera, y quería hacer todo lo que Dios quería que él hiciera, pero quería hacerlo con gozo.

Debemos aprender a estar gozosos con nuestro progreso, y no deprimidos pensando en todo lo que tenemos que avanzar todavía. Tenemos que aprender a mirar lo positivo y no lo negativo.

Una de las consecuencias secundarias del legalismo es que las personas nunca están satisfechas a menos que cumplan toda la ley. Si no cumplen en un punto se hacen culpables de todos (Santiago 2:10). Uno de los beneficios del nuevo pacto es el hecho de que podemos estar satisfechos durante todo el viaje. Nuestra satisfacción no se encuentra en nuestro desempeño, sino en Jesucristo mismo.

En Juan 10:10 Jesús dice que Él vino para que tuviéramos vida y la gozáramos. En el mismo versículo Él dice: *El ladrón no viene sino para hurtar y matar y destruir... El* ladrón al que se refiere es el legalismo o un enfoque legalista hacia Dios. Saca todo de nosotros sin darnos nada a cambio, excepto culpa y miseria. Por la ley no podemos ser justificados, y tampoco podemos tener paz y gozo. A través de Jesús todas esas cosas son regalos gratuitos para nosotros, dados por la gracia de Dios, no merecida por nuestro trabajo. Las recibimos por fe.

## VIVE CON GOZO, PAZ Y ESPERANZA

> *Y el Dios de esperanza os llene de todo gozo y paz*
> *en el creer [por medio de la experiencia de tu fe],*
> *para que abundéis [para que ustedes rebosen de]*
> *en esperanza por el poder del Espíritu Santo.*

> Romanos 15:13

Recuerdo una tarde en que me sentía muy insatisfecha y descontenta. Fui a buscar una caja de promesas que alguien me había dado. Una caja de promesas es un envase pequeño que contiene tarjetas con versículos bíblicos. El propósito es que el creyente saque una tarjeta y recuerde una promesa de Dios cuando esté en necesidad. Bueno, yo sentía que necesitaba algo, pero no estaba segura de qué. No tenía ni paz, ni gozo y me sentía desgraciada.

Saqué una tarjeta que tenía impreso Romanos 15:13, y fue sin duda "la palabra oportuna" para mí (Isaías 50:4). Mi problema era simple, estaba dudando en vez de creer. Estaba dudando del amor incondicional de Dios, dudando de que podía escuchar de Él, dudando de Su llamado en mi vida, dudando de que Él estuviera contento conmigo. Estaba llena de dudas... dudas... dudas. Cuando me di cuenta del problema, volví a tener fe y se acabaron mis dudas. Mi gozo y mi paz volvieron de inmediato.

He descubierto que esto es cierto una y otra vez en mi vida. Cuando parece que la paz y el gozo se han ido, reviso mis creencias —que generalmente también se han ido. Podemos deducir que dudar de nosotros mismos robará nuestro gozo y nuestra paz.

Recuerdo años de mi vida en que la relación que tenía conmigo misma era dudar de mí misma. Dudaba de mis decisiones; dudaba de mi apariencia; dudada acerca de si realmente estaba siendo guiada por el Espíritu Santo; dudaba acerca de si estaba haciendo lo correcto o diciendo lo correcto; dudaba de si en alguna manera estaba complaciendo a Dios o a cualquiera otra persona. Yo no estaba contenta conmigo misma, entonces ¿cómo podría otra persona estar contenta conmigo?

Estoy tan feliz de que esos años quedaron atrás. Ahora practico Gálatas 5:1: *Estad, pues, firmes en la libertad con que Cristo nos hizo libres [una liberación completa], y no estéis otra vez sujetos al yugo de la esclavitud [que antes tenían].* Tuve una esclavitud tan grande al legalismo en mi vida, que probablemente deberé mantenerme siempre firme en su contra. Ahora puedo detectarlo, y también sus síntomas —y ese conocimiento hace que resista a Satanás y goce de la libertad que tengo en Cristo.

Podemos ser libres para creer que realmente estamos bien y en camino —no en forma perfecta, sino avanzando decididamente. Podemos ser libres para gozar de la vida, gozar de Dios y de nosotros mismos.

# 4

&

## ¿Has perdido de vista quién eres?

# 4.
# ¿HAS PERDIDO DE VISTA QUIÉN ERES?

**De manera que, teniendo diferentes dones [facultades, talentos, cualidades], según la gracia que nos es dada, si el de profecía [a los que tienen ese don, dejémoslos profetizar], úsese conforme a la medida de la fe; o si de servicio [a los que tienen ese don], en servir; o el que enseña, en la enseñanza; el que exhorta, en la exhortación; el que reparte, con liberalidad; el que preside, con solicitud; el que hace misericordia, con alegría.**

## ROMANOS 12:6-8

¿Cómo podemos ser libres para ser quienes somos, si no nos conocemos a nosotros mismos? La vida es, a veces, como un laberinto, y es muy fácil perderse. Cada persona parece esperar algo diferente de nosotros. Nos sentimos presionados de todos lados para mantener a otros felices y satisfacer sus necesidades.

Empleamos una gran cuota de energía emocional y mental estudiando a las personas que son importantes en nuestra vida y tratando de decidir qué esperan de nosotros. Luego tratamos de lograr lo que ellos desean de nosotros. En el proceso, podemos perder de vista quiénes somos. Puede que fracasemos en entender qué es lo que Dios quiere, o cuál es Su propósito para nosotros. Puede que logremos complacer a todos los demás, pero no estar contentos nosotros mismos.

En mi propia vida, durante años traté de ser tantas cosas que yo no era. Estaba totalmente confundida. Finalmente me di cuenta de que no sabía cómo debería ser. En algún momento en ese proceso, cuando trataba de satisfacer todas las demandas de los demás y las mías, perdí de vista a Joyce Meyer. Tenía que bajarme de esa especie de carrusel, por así decirlo, y hacerme algunas preguntas muy importantes como: ¿Para quién estoy viviendo? ¿Para quién estoy haciendo todas estas cosas? ¿Me he convertido en alguien que siempre está preocupada de complacer a la gente? ¿Estoy haciendo la voluntad de Dios para mi vida? ¿Qué quiero hacer con mi vida? ¿Cuáles son lo dones con los que he sido ungida?

Sentía la presión de ser como mi marido. David siempre ha sido muy calmado, estable, relajado, libre de preocupaciones o ansiedad. Sabía que esa era la manera correcta de ser, y me esforcé en ser como él. Yo era diferente; hacía decisiones rápidas, mi estado de ánimo no era estable, y tenía la tendencia a preocuparme cuando teníamos problemas.

Sentía la presión de ser como mis amigos y pares. La esposa de mi pastor, es una persona muy dulce. Cuando estaba cerca de ella sentía que yo debía ser más dulce.

Sentía la presión de ser como mi amiga. Ella era muy creativa; ella cocinaba, cosía, pintaba, empapelaba paredes, cuidaba el jardín, y parecía ser todo lo que yo no era. Por lo tanto, trataba de ser como ella.

En realidad estaba tratando de ser tantas personas a la vez, que me perdí de vista.

¿Te has perdido de vista tú también? ¿Te sientes frustrado tratando de cumplir con todas las demandas de los demás, mientras tú te sientes insatisfecho? Si es así, tendrás que tomar una decisión y proponerte encontrarte a ti mismo y después sentirte libre para ser quien eres. Si te dejas llevar por la estrategia del mundo, algo estará gritando tratando de llamar tu atención por todos lados.

Por ejemplo, tu madre puede querer que seas suave, bondadoso, cariñoso. Tu padre puede querer que seas fuerte, seguro de ti mismo y agresivo. Tu madre querrá que la visites más a menudo. Tu padre querrá que pases más tiempo con él en la cancha de golf. Tus amigos querrán que sigas estudiando. Tu médico querrá que hagas ejercicios tres veces a la semana. Tu cónyuge querrá que estés más disponible, y tus hijos puede que necesiten que te involucres más en las actividades escolares. Tu jefe querrá que trabajes tiempo extra. Tu iglesia querrá que ayudes a acomodar a la gente para la función de semana santa. El director de música, que cantes en el coro. Tus vecinos querrán que cortes el pasto de tu casa más seguido.

¿Has sentido alguna vez que no puedes ser todo lo que los demás quieren que seas? ¿Has sabido, en el fondo de tu corazón, que necesitas decir que "no" a muchas personas, pero para no disgustarlos, has dicho "voy a tratar", cuando en tu corazón gritabas "no puedo hacerlo"?

Las personas inseguras dicen "sí" cuando quieren decir "no". Los que son libres para ser quienes son no se dejan controlar por otros. Se dejan guiar por su corazón, no por el temor de defraudar a otros, o ser rechazado por los demás.

No podemos enojarnos con la gente porque exige cosas de nosotros. Es nuestra responsabilidad poner nuestra vida en orden. Necesitamos conocer nuestra identidad, nuestra dirección y nuestro llamado, la voluntad de Dios para nuestra vida. Debemos tomar las decisiones que nos ayuden a avanzar firmemente hacia nuestra meta. Necesitamos ser individuos decididos y con propósito.

Recuerdo haberme sentido fuertemente presionada, cuando las personas me pedían que hiciera algo que yo no quería hacer. Yo pensaba que me estaban presionando, pero en realidad eran mis propios temores e inseguridades los que creaban esa presión.

David es muy seguro de sí mismo, él nunca siente este tipo de presión. Él confía en que está siendo guiado por el Espíritu Santo. Si se siente guiado a hacer algo, él lo hace. Si él siente que algo no es lo correcto para él, no lo hace. Para él es muy simple.

Le he preguntado muchas veces: "¿No te importa lo que otras personas piensan?" Su respuesta también es simple; él dice: "¿Lo que ellos piensan no es mi problema?" Él sabe que su responsabilidad es ser aquello para lo que Dios lo creó. ¡Él es libre para ser él mismo!

Por supuesto, hay momentos en la vida en que todos nosotros hacemos cosas que preferiríamos no hacer. Hacemos cosas para otras personas porque las amamos, y está bien que así sea. Al hacerlo, todavía estamos siendo guiados por el Espíritu de Dios para caminar en amor y sacrificarnos por el bienestar de otra persona. Eso es totalmente diferente a dejarse controlar y manipular por las demandas y expectativas de otros.

## SER DIFERENTE NO ES MALO

*Una es la gloria del sol, otra la gloria de la luna, y otra [distinta] la gloria de las estrellas, pues una estrella es diferente de otra en gloria.*

1 Corintios 15:41

Todos somos diferentes. Como el sol, la luna y las estrellas, Dios nos ha creado diferentes el uno del otro, y Él lo ha hecho deliberadamente. Cada uno de nosotros suple una necesidad, y todos somos parte del plan total de Dios. Cuando luchamos para ser como otros no sólo perdemos de vista quiénes somos, sino que también entristecemos al Espíritu Santo. Dios quiere que nos acomodemos a Su plan, no que nos sintamos presionados tratando de acomodarnos a los planes de todos los demás. Ser diferente está bien; no hay nada malo en ser diferente.

Todos nacemos con temperamentos diferentes, diferentes rasgos físicos, diferentes huellas digitales, diferentes dones y habilidades, etcétera. Nuestra meta debería ser encontrar lo que cada uno debe ser como individuo y después lograrlo.

Romanos capítulo doce nos enseña que debemos ejercitar nuestro don. En otras palabras, encontrar para qué somos buenos y dedicarnos a eso con todas nuestras fuerzas.

He descubierto que me gusta hacer aquello que hago bien. Algunas personas sienten que no hacen nada bien, pero eso no es verdad. Cuando hacemos un esfuerzo para hacer lo que otros hacen bien, generalmente fracasamos porque no tenemos los dones para hacerlo; pero eso no significa que seamos buenos para nada.

Trataba de coser la ropa para mi familia porque mi amiga lo hacía, pero yo no cosía bien. Traté de aprender a tocar guitarra y a cantar porque me gusta la música y quería dirigir la música en el grupo de estudio bíblico que tenía en mi casa en ese tiempo. No podía aprender a tocar la guitarra porque mis dedos eran muy cortos. Cantaba en un tono que nadie más lo hacía, no sabía absolutamente nada de teoría musical. Por lo tanto, fracasé en eso también.

Para ser honesta, todo el tiempo que estaba tratando de ser como las otras personas, fracasé en casi cada cosa. Cuando acepté lo que Dios tenía para mí, empecé a tener éxito.

Mi pastor me dijo una vez que yo era "una boca" en el Cuerpo de Cristo. Todos somos partes de un cuerpo, y yo soy una boca. ¡Yo hablo! Soy una profesora, una comunicadora; uso mi voz para guiar a las personas. Tengo un gozo muy grande desde que decidí estar satisfecha conmigo tal como soy y dejar de tratar de ser algo o alguien que no soy. Hay muchas cosas que no puedo hacer, pero estoy haciendo lo que sí puedo.

*Te animo a que te fijes en tu potencial en vez de en tus limitaciones.*

Todos tenemos limitaciones, y debemos aceptarlas. Eso no es malo; simplemente es un hecho. Es maravilloso estar libre para ser diferente, y no sentir que algo está mal con nosotros porque somos diferentes.

Debemos estar libres para amarnos y aceptarnos a nosotros mismos, y el uno al otro sin sentir la presión de compararse o de competir. Las personas seguras de sí mismas, que saben que Dios las ama y que tiene un plan para ellas, no se sienten amenazadas por las habilidades de otros. Gozan de lo que otras personas pueden hacer, y disfrutan de lo que ellas pueden hacer.

En Gálatas 5:26, el apóstol Pablo nos insta: *No nos hagamos vanagloriosos, irritándonos unos a otros, envidiándonos unos a otros.* Luego, en el capítulo siguiente, añade: *Así que, cada uno someta a prueba su propia obra, y entonces tendrá motivo de gloriarse sólo respecto de sí mismo, y no en otro* (Gálatas 6:4).

Comparación y competencia son palabras del mundo, no de Dios. El mundo las exige, pero el sistema de Dios las condena.

Cuando esté en la presencia de Dios, no me preguntará por qué no fui como David, o como el apóstol Pablo, o como la esposa de mi pastor, o como mi amiga. No quiero escuchar que Él me diga: "¿Por qué no fuiste Joyce Meyer?" Yo quiero escucharle decir, "...*Bien, buen siervo y fiel...*" (Mateo 25:23).

Me gustaría ser capaz de decir al Padre lo que Jesús le dijo en Juan 17:4: *Yo te he glorificado en la tierra; he acabado la obra que me diste que hiciese.*

## ¿QUIÉN ES "ALGUIEN"?

> *...y donde está el Espíritu del Señor, allí hay libertad.*
>
> 2 Corintios 3:17

Me da la impresión de que "alguien" dirige nuestras vidas. Es increíble cuantas decisiones tomamos basados en qué pensará "alguien". Si nos dedicamos a escuchar con atención, nos daremos cuenta de cuán frecuentemente decimos: "Bueno, tú sabes, alguien dirá..."

Por ejemplo, "alguien" decide que colores combinan entre sí, cuál es el estilo de vestimenta apropiado, cómo debemos cortarnos el cabello, y qué debemos comer o beber.

"Alguien" es una persona o un grupo de personas en alguna parte, y que no son muy diferentes de nosotros. "Alguien" ha establecido una regla haciendo algo de una determinada manera, y ahora todos nosotros sentimos que debemos hacerlo de esa manera, porque "alguien" lo dijo.

Empecé a darme cuenta de que "alguien" estaba dirigiendo mi vida, y decidí que no me gustaba. Ni siquiera sabía quién era "alguien". Decidí que estaba cansada de estar esclavizada a lo que "alguien" quería, y que me liberaría de la atadura de la opinión pública. Todos podemos hacer eso, porque Jesús ya nos ha liberado.

## ¡SOMOS LIBRES!

> *Así que, si el Hijo os libertare, seréis*
> *verdaderamente libres.*
>
> Juan 8:36

Es un hecho que Jesús nos ha libertado del control y la manipulación de un escurridizo grupo llamado "alguien". No debemos compararnos con "alguien" o estar compitiendo con "alguien".

Si estamos realmente liberados, entonces estamos libres para ser quienes somos, ¡no lo que otra persona es! Eso significa que estamos liberados para hacer lo que Dios tiene para nosotros, y para que no hagamos lo que nosotros vemos que otro hace.

Observo a muchos pastores con problemas porque están tratando de hacer en su ministerio lo que ven que otros están haciendo. Un pastor puede encontrar una iglesia grande y quiere saber qué hizo ese otro pastor para que la iglesia creciera. Puede que haga exactamente lo que otro hizo para producir excelentes resultados, pero en su caso no sucede así, no logra lo que esperaba. ¿Por qué?, porque lo que para él resultará será aquello para lo cual Dios lo ha ungido, y no necesariamente aquello para lo que Dios ha ungido a otra persona.

Dios quiere que vayamos a Él para encontrar respuestas y dirección, no que acudamos y dependamos de otras personas. Esto no significa que no podamos aprender el uno del otro, sino que necesitamos tener un equilibrio en esta área.

He aprendido que no importa cuan grande sea mi deseo de hacer lo que otro está haciendo, no lo podré hacer a menos que eso sea la voluntad de Dios para mí. Él puede tener otro plan para mí. Tengo que aceptarlo o viviré frustrada toda mi vida.

## "¡PUEDO HACER ... CUALQUIER COSA QUE DIOS ME DIGA!"

*Todo lo puedo en Cristo que me fortalece.*

Filipenses 4:13

Este versículo es citado frecuentemente, pero creo que a veces es citado fuera de su contexto. Este versículo no significa que yo pueda hacer lo que quiera, o que yo pueda hacer cualquier cosa que otra persona hace. Significa que yo puedo hacer cualquier cosa que sea la voluntad de Dios para mí.

En este versículo el apóstol Pablo se refiere a la habilidad de poder vivir con abundancia o con necesidad y estar contento en cualquiera de las dos situaciones. Él sabía que en cualquier situación en que se encontrara era la voluntad de Dios para él en ese momento, y sabía también que Dios le daría la fuerza para hacer aquello para lo cual Él lo había llamado.

Esta interpretación de Filipenses 4:13 me ha ayudado mucho en mi vida y ministerio. Me ha enseñado a mantenerme dentro de los límites de lo que Dios me ha llamado y capacitado para hacer, y no tratar de tomar cosas que no corresponden con los dones y habilidades que Dios me ha dado. Eso no es ser negativo, es sabiduría divina.

## CONTENTOS DE RECIBIR EL REGALO————

> Respondió Juan y dijo: No puede el hombre reci-
> bir nada [no puede reclamar nada], si no le fuere
> dado del cielo. [La persona debe estar contenta con
> el don que Dios le ha dado; pues no hay otra fuente].

> Juan 3:27

Este es otro pasaje que me ha ayudado mucho a encontrar la paz, el gozo, y la alegría en la tarea de mi vida.

Si leyeras el versículo anterior en Juan 3, encontrarías
que algunos de los discípulos de Juan el Bautista estaban demasiado preocupados por el hecho de que Jesús también estaba bautizando, y que todo el mundo estaba dejando a su
maestro y siguiendo a Jesús. Fueron a Juan con este informe. Si Juan no hubiese estado seguro acerca de sí mismo y
acerca de su llamado, podría haber tenido miedo y envidia.
Podría haber sentido la necesidad de competir con Jesús
para mantener su ministerio. Pero la respuesta de Juan era
el versículo 27. Su actitud fue: "Sólo puedo hacer lo que
Dios me ha autorizado y capacitado para hacer, por lo tanto, debo estar contento con ese don y ese llamado".

Pasajes como estos han cambiado mi vida. Por causa de
mi trasfondo, tuve muchas debilidades en el área de la competencia. Siempre estaba comparándome con otros, envidio-
sa de ellos, de sus posesiones, y de sus habilidades. No estaba siendo yo misma; estaba tratando de mantenerme a la
par con todos los demás. Frecuentemente sentía presión y
frustración porque estaba operando fuera de mis dones y de
mi llamado. Cuando por fin me di cuenta de que no podía
hacer nada si Dios no lo había ordenado y ungido, empecé
a relajarme, diciendo: "Soy lo que soy. No puedo ser nada si
Dios no me ayuda. Sólo voy a concentrarme en ser lo mejor
posible".

## DEJA QUE DIOS ELIJA TU FORMA DE SERVICIO —

*Así que, hermanos, os ruego por [todas] las
misericordias de Dios, que presentéis vuestros
cuerpos en sacrificio vivo [presentando todos sus
miembros y todas sus facultades], santo
[entregado, consagrado], agradable a Dios, que es
vuestro culto racional [razonable, inteligente].*

Romanos 12:1

Otra cosa que los "demás" deciden por nosotros es el catalogar las profesiones entre importantes y no importantes. Nos hacen pensar que un médico es más importante que un obrero en una fábrica, que un pastor es más importante que un hombre que hace el aseo, que una mujer que dirige un estudio bíblico es más importante que una dueña de casa y madre.

Si nos dejamos llevar por esta filosofía, pasaremos el resto de nuestra vida tratando de ser lo que los demás aprueban, y en el proceso, podríamos perfectamente perder nuestro verdadero llamado en la vida.

Una de mis hijas, Sandra, ha llegado a ser bastante buena para hablar en público. Mi otra hija, Laura, tiene un solo deseo, el de ser esposa y madre. Ellas se aman y se llevan bien. No hay competencia entre ellas. Laura no siente que esté perdiendo algo, porque no quiere tener un ministerio tiempo completo. Ella sabe lo que debe ser, y lo está haciendo. No es que Sandra sea más "espiritual" que Laura; son simplemente diferentes, y llevan sus vidas espirituales de maneras distintas.

Laura tiene dos hijos, y es posible que esté criando a un gran evangelista mundial. A veces son las pequeñas cosas que parecen insignificantes las que tienen mayor impacto al final. Los demás nos dicen que solamente las cosas grandes son importantes, pero Dios tiene otra idea. Lo que es importante para Él es la obediencia. Laura está siendo obediente al llamado de su vida, y yo estoy tan orgullosa de ella como lo estoy de mi otra hija.

He conocido a muchas esposas de pastores que quieren trabajar tiempo completo en la iglesia y estar realmente involucradas en el ministerio de sus maridos. He conocido a otras esposas de pastores que quieren dedicar todo su tiempo a sus maridos, y a sus hijos, sin hacer nada en el ministerio, excepto apoyar a sus maridos en la forma que sea necesario. La esposa del pastor frecuentemente sufre de inseguridad y siente presión para enseñar el estudio bíblico de mujeres o para estar involucrada en otros aspectos del ministerio de su marido, simplemente porque los demás esperan eso de ella.

Me parece que cada rol en la vida conlleva ciertas expectativas, pero tenemos que estar seguros de quién realmente está esperando esas cosas.

Recuerdo a una mujer que llegó llorando al altar después del culto. Dijo que todas sus amigas estaban asistiendo a la reunión de oración temprano en la mañana, y que estaban presionándola a asistir. Ella no se sentía guiada a asistir, y ahora estaba preguntándose cuál era su problema.

"¿Cuál es mi problema, Joyce?", me preguntó, mientras las lágrimas se deslizaban por sus mejillas.

Le pregunté unas cosas, y descubrí que lo que sentía en su corazón era el deseo de cuidar a los niños de las mujeres que asistían a la reunión de oración. Esta mujer tenía un don para trabajar con niños, y su deseo era de ayudar de esa manera.

Cuando presionamos a las personas a hacer lo que nosotros estamos haciendo, o lo que pensamos que deben hacer, muchas veces perdemos el don que podrían aportar si dejamos que Dios elija su ministerio. La gente naturalmente va a desear hacer lo que corresponde a los dones que Dios le ha dado. Además, no nos sentimos realizados si reprimimos nuestros dones para hacer lo que los demás están haciendo, sólo para conseguir su aprobación y aceptación.

Esta mujer se sentía aliviada cuando le dije que no tenía absolutamente ningún problema. Ella tenía una vida de oración buena; pero no la iba a ejercer temprano en la mañana en la reunión de oración tres veces en la semana. Le recomendé que se mantuviera firme con sus amigas, diciéndoles exactamente lo que estaba en su corazón. Si querían recibir el beneficio de su don, bien; si no, ellas se lo perderían.

He descubierto que se requiere valentía para ser guiado por el Espíritu Santo, porque a veces no nos guía a hacer lo que los demás están haciendo. Algunas personas inseguras se sienten más "seguras" cuando hacen lo que hacen los demás. Tienen miedo de "romper el esquema", o de quedar solas. Cuando salimos de los límites de lo que los demás dicen que es permisible, arriesgamos ser juzgados o criticados. La gente insegura normalmente cede a las expectativas y a las demandas de los demás, en vez de enfrentar la desaprobación y la posibilidad de rechazo. No debemos permitir que tales cosas nos impidan cumplir el propósito que Dios nos ha dado.

## MANEJANDO LA CRÍTICA Y LA CONDENACIÓN –

*De manera que cada uno de nosotros dará a Dios*
*cuenta de sí [rendir cuentas con respecto al juicio].*

Romanos 14:12

Enfrentar la crítica y la condenación de los demás es más fácil cuando recordamos que al final, es frente a nuestro propio Maestro que seremos aprobados o condenados (Romanos 14:4). Al final, rendimos cuentas solamente a Dios. Es un pecado ser crítico y juzgar a los demás, pero es igualmente pecaminoso permitir que las opiniones adversas de los demás controlen nuestras decisiones. Romanos 14:23 dice que lo que no proviene de fe es pecado.

Anhelamos la aceptación; por lo tanto, la crítica y la condenación son difíciles para nosotros mentalmente y emocionalmente. De hecho, ¡nos duele ser criticados o juzgados! Sin embargo, si vamos a tener éxito en ser nosotros mismos, debemos tener la misma actitud que mostró Pablo cuando escribió:

> *Yo en muy poco tengo [yo personalmente] el ser juzgado por vosotros [acerca de este asunto], o por tribunal humano; y ni aun yo me juzgo a mí mismo. Porque aunque de nada tengo mala conciencia, no por eso soy justificado; pero el que me juzga es el Señor [mismo].*

1 Corintios 4:3-4

Me gusta especialmente la paráfrasis que Ben Campbell Johnson hace de este pasaje:

*No me preocupa en lo más mínimo el hecho de que están decidiendo lo que es bueno y lo que es malo en mí... incluso de que están juzgándome. Ni ustedes ni nadie más me pueden condenar si no me condeno primero a mí mismo [y yo no lo hago]. Pero, aunque no estoy consciente de haber hecho algo malo, mi falta de conocimiento no significa que tenga la razón en mi evaluación, porque la evaluación final está en las manos de Dios.*

La crítica y la condenación son las herramientas del diablo. Las utiliza para impedir que la gente realice su destino y para robarles su libertad y su creatividad.

Algunos critican cualquier cosa que sea diferente a sus propias decisiones. Es interesante notar que la mayoría de estas personas también son muy inseguras —por eso les incomoda la gente que no piensa y actúa como ellas.

Cuando todavía vivía mis años de inseguridad, encontré que la mayor parte del tiempo era crítica, y por supuesto, siempre hacía los que no pensaban o no actuaban como yo. Me hacían sentirme incómoda. Finalmente, me di cuenta de que su decisión de ser diferentes era un desafío para mi decisión.

La gente segura puede resistir el hecho de ser las únicas personas que hacen algo. Fácilmente pueden dejar a sus amigos y a sus familiares en libertad para tomar sus propias decisiones.

Como mencioné antes, mi esposo, David, es muy seguro, y me ha dejado ser yo misma. Mi éxito en la vida no es una amenaza para él, porque está cómodo consigo mismo. Le gusta quién es. No hay competencia entre nosotros. Ninguno de los dos es más importante que el otro. Simplemente somos libres para ser todo lo que podamos ser, pero aún así somos muy diferentes.

No juzgamos y no criticamos las diferencias; las aceptamos. No siempre fue así, pero hemos aprendido durante los años que hemos sido llamados a amarnos, y no a cambiar el uno al otro.

Pablo no permitió que las decisiones de los demás cambiaran su destino. En Gálatas 1:10, dijo que si hubiese estado buscando la popularidad de la gente, no habría sido apóstol del Señor Jesucristo. Esta afirmación debería enseñarnos mucho. ¿Cómo podemos ser nosotros mismos si estamos demasiado preocupados por lo que pensarán los demás?

En Filipenses 2:7, Pablo dice que Jesús ... *se despojó a sí mismo* .... Jesús obviamente no estaba preocupado por lo que pensarían los demás. Tenía una meta —hacer la voluntad del Padre— ni más, ni menos. Sabía que tenía que mantener su libertad para cumplir su destino.

La crítica y la condenación pueden ser dolorosas, pero no tanto como el hecho de dejar que esa crítica y esa condenación nos controlen y nos manipulen. Para mí, la tragedia más grande de la vida sería envejecer y sentir que en algún momento en el camino me había perdido y que no tuve éxito en ser yo misma.

¿Se ha perdido, o se ha encontrado?

# 5

&

*Se requiere confianza*

# 5
## SE REQUIERE CONFIANZA

**Bendito [de sobremanera] es el hombre que confía en el Señor, cuya confianza es el Señor.**

**Jeremías 17:7 (B.d.l.A.)**

Para ser libre para ser nosotros mismos, debemos tener confianza. No es confianza en nosotros mismos que buscamos, sino confianza en Cristo. Me gusta una traducción de Filipenses que dice: "soy suficiente en la suficiencia de Cristo". En verdad es un pecado tener confianza en nosotros mismos, pero tener confianza en Cristo debe ser la meta de todo creyente.

Jesús dijo: *separados de mí, nada podéis hacer* (Juan 15:5). Parece que nos toma una eternidad aprender esta verdad. Seguimos tratando de hacer las cosas en la fuerza de nuestra propia carne, en vez de poner toda la confianza en Él.

La mayor parte de nuestra agonía interior, nuestras luchas y frustraciones, vienen de la confianza puesta en el lugar equivocado. En Filipenses 3:3, Pablo dice que no debemos poner confianza en la carne. Esto significa en nosotros mismos o en nuestros amigos o familiares. No estoy diciendo que no podamos confiar en nadie, sino que cuando ponemos la confianza que solamente pertenece a Dios en nosotros o en otras personas, no experimentaremos victoria. Dios no permitirá que tengamos éxito hasta que nuestra confianza esté colocada en el lugar correcto, o mejor dicho, en la persona correcta. Él está dispuesto a darnos la victoria, pero Él debe recibir la gloria, que merece.

## TEN CONFIANZA SÓLO EN DIOS

*Así dice el Señor: Maldito [con gran maldad] el hombre que en el hombre confía, y hace de la carne*

> *[humana] su fortaleza, y del Señor se aparta*
> *su corazón.*
>
> Jeremías 17:5 (B.d.l.A.)

Para tener éxito en algo, debemos tener confianza, pero primero que nada, debe ser confianza en Dios, y en nada más. Debemos desarrollar confianza en el amor de Dios, en su bondad y en su misericordia. Debemos creer que Él desea nuestro éxito.

Dios no nos creó para fracasar. Podemos fracasar en algunas cosas en el camino al éxito, pero si confiamos en Él, Él tomará incluso nuestros errores más grandes, y los convertirá en algo para nuestro propio bien (Romanos 8:28).

Hebreos 3:6 nos dice que debemos *retener firme hasta el fin la confianza y el gloriarnos en la esperanza [en Cristo]*. Es importante darse cuenta de que el error no es el fin del mundo, si retenemos nuestra confianza.

He descubierto que Dios tomará mis errores y los convertirá en milagros, si sigo confiando firmemente en Él.

Todos tenemos un destino, y en el caso mío, fui creada para ser maestra de la Biblia para ministrar a otros. Fue la voluntad de Dios antes de la fundación del mundo que yo creara un ministerio llamado Vida en la Palabra y que lo administrara. Si no hubiese hecho esto, no habría sido yo misma. Me habría sentido frustrada y poco realizada toda mi vida.

El hecho de que hemos sido destinados para hacer algo no significa que ese "algo" sucederá automáticamente. Tuve que pasar por muchas cosas mientras Dios, simultáneamente, me hacía madurar como persona y desarrollaba mi ministerio. Muchas veces tenía el deseo de darme por vencida. Muchas veces perdí la confianza con respecto a mi llamado. Tenía que recuperar la confianza, antes de que pudiera seguir adelante. La confianza es absolutamente necesaria para llegar a ser nosotros mismos.

## DEBEMOS TENER CONFIANZA CONSTANTEMENTE

> *...Mas el justo por la fe vivirá.*
>
> Romanos 1:17

La confianza, en el fondo, es tener fe en Dios. Nuestra confianza debe ser constante y no ocasional.

Por ejemplo, debí aprender a tener confianza cuando una persona se iba mientras yo predicaba. Al principio de mi ministerio, este tipo de situaciones despertaba todas mis inseguridades y casi destruyó mi confianza.

Algunos amigos y familiares me han dicho que una mujer no debería predicar la Palabra de Dios. También sé que a algunas personas, especialmente hombres, les cuesta recibir la predicación cuando la hace una mujer. Me confundía porque sabía que Dios me había llamado y me había ungido para predicar su Palabra. No podría haberlo hecho de otra manera, pero todavía me afectaba el rechazo de otras personas, porque me faltaba la confianza. Tuve que crecer en confianza a tal punto que las opiniones de la gente y su aceptación o su rechazo no me alteraran mi nivel de confianza. Mi confianza tenía que estar en Dios, y no en las personas.

Cuando el crecimiento y el progreso de mi ministerio parecían dolorosamente lentos, tenía que practicar la confianza constante. Es más fácil seguir confiados cuando vemos el progreso, pero durante un tiempo de espera, el diablo ataca nuestra confianza y trata de destruirla.

Básicamente, Romanos 1:17 nos dice que podemos ir desde la fe hasta la fe. Pasé muchos años pasando desde la fe hasta la duda, a la incredulidad, para volver a la fe. Perdí mucho tiempo valioso hasta llegar a ser más constante en mi caminar de fe. Desde entonces, he tratado de practicar la confianza en todas las cosas. He aprendido que cuando pierdo la confianza, dejo la puerta abierta para el diablo.

Durante esos tiempos cuando Satanás atacaba mi nivel de confianza al ministrar la Palabra, empecé a darme cuenta de que si no me oponía rápidamente a esos ataques, las cosas irían de mal a peor. Aprendí que una vez que daba lugar al diablo para poner su pie, frecuentemente él agarraba aún más fuerte. Si le permitía robar mi confianza, de repente no tenía fe para nada de lo que hacía durante los cultos.

Tendría miedo acerca de la ofrenda. Pensaría: "¿Qué pasa si ofendo a la gente porque estoy hablando del dinero?" Tendría miedo acerca de promover los casetes de mis mensajes. Pensaría: "¡A la gente no le gusta que hable de estos casetes!" Cuando estaba enseñando la Palabra, pasaría por mi mente todo tipo de pensamientos negativos que provocaban temor en mí, cosas como: "Este mensaje no tiene sentido. Estoy aburriendo a todos. Esto no es el mensaje indicado para esta noche; debería haber predicado acerca de otro tema".

Durante estos ataques satánicos, que entraban por mi falta de confianza, si alguien se paraba y salía, estaba segura de que era por mi culpa.

Recuerdo algo que ocurrió en Oklahoma City. Una mujer que estaba sentada en la primera fila salió unos cinco minutos después de que había empezado el mensaje. Inmediatamente me sentí insegura, y Satanás comenzó a sacudir mi confianza. Me molestaba durante todo el servicio. Lo comenté a David más tarde esa noche, y él dijo: "Ah, se me olvidó decirte que esa señora dijo que tenía que ir al trabajo, pero que te ama tanto, y recibe tanto de tu enseñanza, que decidió que valía la pena venir, aunque no pudiera escuchar más de cinco minutos de tu mensaje".

Podemos ver fácilmente de esta historia cómo Satanás trabaja para decepcionarnos. Si mi nivel de confianza hubiese estado constante y fuerte, habría pensado positivamente y no negativamente en esa situación.

Dios me ha dicho que sobre todo, debo tener confianza constantemente. Cuando pierdo la confianza, doy lugar al diablo.

El mismo principio se aplica a ti.

Ten confianza acerca de tus dones y de tu llamado, tu capacidad en Cristo. Cree que escuchas de Dios y que eres guiado por el Espíritu Santo. Confía en que la gente te quiere, y descubrirás que aún más personas te quieren. Sé valiente en el Senor. ¡Imagínate como ganador en Él!

## MÁS QUE VENCEDORES

*Antes, en todas estas cosas somos más que vencedores por medio de aquel que nos amó.*

Romanos 8:37

Necesitamos un sentido de triunfo. En Romanos 8:37, Pablo nos asegura que en Cristo Jesús, somos más que vencedores. Creer esa verdad nos da confianza.

Una vez escuché que una mujer es más que vencedora si su marido sale a trabajar toda la semana y le trae el sueldo. Pero Dios me habló y me dijo: "Eres más que vencedora cuando sabes que ya tienes la victoria antes de tener un problema".

A veces, la confianza es sacudida cuando vienen las dificultades, especialmente si duran mucho tiempo. Debemos tener tanta confianza en el amor de Dios que, sin importar lo que venga en contra, sabemos muy adentro que somos más que vencedores. Si somos verdaderamente confiados, no temeremos las dificultades, los desafíos, o las tribulaciones, porque sabemos que pasarán.

Cuando enfrentes alguna prueba, recuérdate: ¡Esto también pasará! Confía en que durante esa prueba, aprenderás algo que te ayudará en el futuro.

Sin confianza, estamos paralizados en cada vuelta que damos. Satanás deja caer una bomba, y nuestros sueños son destruidos. Eventualmente, empezamos de nuevo, pero nunca progresamos mucho. Comenzamos y fracasamos, comenzamos y fracasamos, comenzamos y fracasamos, una y otra vez.

Pero los que tienen confianza constantemente, los que saben que son más que vencedores en Cristo Jesús, avanzan rápidamente.

Debemos dar un paso de fe y decidir tener confianza en toda circunstancia. Dios quizás tendrá que corregirnos ocasionalmente, pero eso es mejor que tener tanto cuidado que nunca hagamos nada. La gente confiada puede hacer el trabajo; esa gente tiene los ministerios que están cambiando el mundo hoy. Aquellas personas están realizadas porque tienen éxito en ser ellas mismas.

Dios me ha enfrentado acerca de la confianza. Una vez me dijo: "Joyce, confía en tu vida de oración, confía en que escuchas de mí. Confía en que estás caminando en mi voluntad. Confía en que estás predicando el mensaje correcto. Ten confianza cuando hablas una palabra oportuna a alguien que la necesita". Él continúa impresionándome con la importancia de tener confianza en Él.

Ahora estoy tratando de que tú veas la importancia de tener confianza. Toma la decisión de que no dudarás de ti mismo, que será algo del pasado.

## LA TORTURA DE DUDAR DE TI MISMO —————

> *Y David estaba muy angustiado porque la gente hablaba de apedrearlo, pues todo el pueblo estaba amargado, cada uno a causa de sus hijos y por sus hijas. Mas David se fortaleció en el Señor su Dios.*
>
> 1 Samuel 30:6 (B.d.l.A.)

Si no creemos en nosotros mismos, ¿quién lo hará? Dios cree en nosotros, y es algo bueno; de otro modo, quizás nunca avanzaríamos. En nuestras vidas, no podemos esperar que alguien venga a animarnos a ser todo lo que podemos ser. Posiblemente tengamos la bendición de ese tipo de apoyo, pero posiblemente no será así.

Cuando David y sus hombres se encontraron en una situación que parecía desesperada, por lo cual los hombres le echaron la culpa a él, David se animó y se fortaleció en el Señor. Más adelante, esa situación se dio vuelta totalmente (1 Samuel 30:1-20).

En otra ocasión, cuando David era solamente un niño, todos los que estaban cerca de él le desanimaban con respecto a su capacidad para luchar con Goliat. Le decían que era muy joven y sin experiencia, que no tenía la armadura suficiente o las armas correctas, que el gigante era muy grande y fuerte, y otras cosas más. David, sin embargo, estaba confiando en Dios.

En realidad, todas las cosas que decía la gente eran verdad. David era joven, sin experiencia, sin armadura y sin armas. El gigante era obviamente más grande y más fuerte que él. Pero David conocía a su Dios y tenía confianza en Él. Creía que Dios sería fuerte en medio de su debilidad y que le daría la victoria. Salió en el nombre del Señor, con el corazón lleno de confianza, mató a un gigante, y al final llegó a ser coronado como rey (1 Samuel 17).

David no tenía a nadie que confiara en él, así que creyó en sí mismo. Él creyó en la capacidad de Dios que estaba en él.

El Señor me dijo una vez que si no creía en mí misma, entonces realmente no creía en Él como debería. Dijo: "Yo estoy en ti, pero solamente puedo hacer a través de ti lo que tú crees".

La duda acerca de uno mismo es una verdadera tortura. Lo viví muchos años, y personalmente prefiero la confianza.

Posiblemente estés pensando: "Joyce, me gustaría tener tu confianza".

Confianza es algo que decidimos tener. Aprendemos acerca de Dios —acerca de Su amor, Sus caminos, y Su Palabra— y entonces al final tenemos que *decidir* si lo creemos o no. Si lo creemos, entonces tenemos confianza. Si no lo creemos, vivimos con la duda acerca de todo.

La duda acerca de uno mismo nos hace personas de doble ánimo, y Santiago 1:8 nos enseña que *un hombre de doble ánimo es inconstante en todos sus caminos*. No puede avanzar hasta que decida creer en Dios y en sí mismo.

## DEJA DE SUBESTIMARTE

> *Mas a Dios gracias, el cual nos lleva siempre en triunfo en Cristo Jesús....*
>
> 2 Corintios 2:14

Te animo a dar un paso gigantesco de fe, dejando de dudar de ti mismo. Como dicen: "No te subestimes". Tienes más capacidades de lo que piensas. Puedes hacer mucho más de lo que jamás has hecho en el pasado. Dios te ayudará si pones tu confianza en Él y dejas de dudar de ti mismo.

Como todos los demás, cometerás errores —pero Dios te permitirá aprender de ellos, y de hecho, los encaminará para tu bien, si decides no dejarte derrotar por ellos. Cuando la duda empieza a torturar tu mente, empieza a hablar la Palabra de Dios con tu boca, y ganarás la batalla.

# 6

&

# Libre para desarrollar tu potencial

# 6
# LIBRE PARA DESARROLLAR TU POTENCIAL

Cuando tenemos confianza y estamos libres de los temores que nos torturan, somos capaces de desarrollar nuestro potencial y de lograr ser todo lo que Dios quería que fuéramos. Pero no podemos desarrollar nuestro potencial si tememos el fracaso. Tendremos tanto miedo de fracasar o de cometer errores que nos impedirá dar el paso.

¿No sabéis que los que corren en el estadio, todos a la verdad corren, pero uno sólo se lleva el premio? Corred [tu carrera] de tal manera que lo obtengáis [el premio].

**1 CORINTIOS 9:24**

Recién hablé con un joven de nuestro personal que tiene mucho potencial, pero que había rechazado dos promociones que le habíamos ofrecido. Sentí en mi espíritu que estaba inseguro y que no estaba consciente de cuánto podría lograr para el reino de Dios, si solamente diera el paso de fe y confianza. Sus inseguridades lo habían atrapado. Estaba haciendo muy bien su trabajo actual, y estaba recibiendo comentarios positivos de todos acerca de eso, pero tenía miedo de aceptar una promoción. Era más fácil y más cómodo simplemente seguir en la misma posición.

Cuando estamos inseguros, muchas veces quedamos con lo que es seguro y familiar, en vez de arriesgarnos al fracaso.

Sentí que, por causa del tipo de personalidad de este joven, no le gustaba el cambio. Su reticencia en aceptar mayor responsabilidad le hacía rechazar las oportunidades de antemano. Dijo que sentía que no estaba listo, y la verdad es que nadie está listo nunca. No obstante, cuando Dios está listo para mover nuestras vidas, debemos creer que nos equipará con lo que necesitamos en el momento en que los necesitemos.

Nuestro problema no está en reconocer honestamente que no estamos listos para dar el próximo paso, sino que está en pensar orgullosamente que estamos listos cuando realmente no estamos listos. El orgullo siempre causa problemas y al final lleva al fracaso. Confiar humildemente en Dios lleva al éxito. Yo creo que Dios nos llama a dar el paso cuando *no* nos sentimos preparados, para que tengamos que descansar totalmente en Él.

Conversé con el joven y le animé. Dijo que sabía que yo tenía razón y que él quería empezar a dar el paso. Dijo que había estado pidiendo a Dios que le permitiera hacer algo diferente, pero que cada vez que le ofrecían una oportunidad de crecer y servir, siempre la rechazaba.

La inseguridad, la duda de uno mismo, y el temor pueden impedirnos alcanzar nuestro potencial completo. Pero si nuestra confianza está en Cristo en vez de en nosotros mismos, estamos libres para desarrollar nuestro potencial, porque somos libres del miedo al fracaso.

Como cristianos, nuestra tarea #1 es el desarrollo de nuestro potencial personal. El diccionario de Noah Webster del año 1828, *America Dictionary of the English Language*, define *potencial* en parte como "lo que existe en posibilidad, no de hecho".[1] Después, define potencialidad en parte como "no absolutamente".[2]

En otras palabras, donde hay potencial, todas las partes necesarias para lograr el éxito están allí, pero todavía no están puestas en acción. Todavía necesitan algo para moverlas, para darles poder y motivarlas. Frecuentemente están en forma de embrión —tienen que desarrollarse.

El potencial no puede manifestarse sin forma. Debe haber algo en qué verterlo, algo que le ayude a tomar forma y ser útil. Cuando ofrecimos a ese joven una promoción, le ofrecíamos una forma en que podía verter su potencial. No vería nunca la forma que tomaría, si no hacía algo para ejercerlo. Tenía potencial, pero tenía que ser desarrollado.

Un urbanizador tiene los planos de construcción en su oficina para desarrollar una subdivisión, pero si no se hacen realidad en forma de casas habitables, solamente serán dibujos en un papel. ¿Qué está en el espacio entre el potencial y su manifestación? Creo que son tres cosas: ¡el tiempo, la determinación, y el trabajo duro!

La cantidad de potencial en el mundo que no ha sido desarrollado y que está malgastado es patética. Dios coloca una parte de sí mismo en cada uno de nosotros. Fuimos creados a Su imagen, y Él está lleno de potencial —*con Dios no hay nada imposible* (Mateo 19:26).

Todos tenemos potencial y muchos queremos verlo manifestado, pero frecuentemente no estamos dispuestos a esperar, a decidirnos y a trabajar duramente para desarrollar el potencial. Tenemos muchos deseos y pocos hechos.

*El desarrollo y la manifestación del potencial requieren una fe firme, no un simple deseo.*

Los sueños y las visiones se desarrollan de una manera similar a como se desarrolla un niño en el vientre de su madre. La madre tiene que hacer ciertas cosas en cierta manera, o si no, el niño no nacerá sano. Debe esperar el tiempo completo de gestación; un nacimiento prematuro podría hacer a un niño muy propenso a enfermarse. También debería estar dispuesta a soportar un trabajo difícil para que salga a la luz lo que lleva en su vientre. Cualquier mujer que ha dado a luz y recuerda su trabajo de parto puede confirmar eso y decir que ¡sí y amén!

## ¡NO HAGAS PLANES PEQUEÑOS! ⎯⎯⎯⎯⎯⎯

*Con sabiduría se edificará la casa, y con prudencia se afirmará; y con ciencia se llenarán las cámaras de todo bien preciado y agradable.*

Proverbios 24:3-4

Espero que tengas un sueño o una visión en tu corazón acerca de algo más grande de lo que tienes ahora. Efesios 3:20 nos dice que Dios puede hacer mucho más que lo que pensamos o esperamos. Si no estamos pensando, esperando o pidiendo nada, estamos perjudicándonos a nosotros mismos. Debemos pensar pensamientos grandes, esperar grandes cosas, y pedir grandes cosas.

Siempre digo que prefiero pedir mucho a Dios y recibir la mitad, en vez de pedirle poco y recibirlo todo. No obstante, es una persona poco sabia quien solamente piensa y pide mucho, pero que no se da cuenta de que una empresa requiere planificación sabia.

Los sueños para el futuro son posibilidades, pero no son lo que yo llamo "positividades", es decir, son posibles pero no serán positivamente realizadas hasta que hagamos nuestra parte.

Cuando vemos a un atleta de veinte años que ganó una medalla de oro en los juegos olímpicos, sabemos que pasó muchas horas entrenando, mientras otros simplemente jugaban. Quizás no se haya "divertido" como sus amigos, pero él sí desarrolló su potencial. Ahora tiene algo que le traerá gozo durante el resto de su vida.

Muchas personas buscan el método rápido para arreglar las cosas. Solamente quieren lo que les haga sentirse bien en el momento. No están dispuestos a invertir para el futuro.

No participes en la carrera sólo por la diversión —¡corre para ganar! (1 Corintios 9:24,25).

Hay una mina de oro escondida en cada vida, pero tenemos que cavar para encontrarla. Tenemos que cavar profundamente y llegar más allá de nuestros sentimientos y de nuestra conveniencia. Si cavamos profundamente en el espíritu, encontraremos una fuerza que no conocíamos.

Cuando Dios me llamó al ministerio, quería cumplir su llamado más que cualquier cosa. No sabía dónde empezar, tampoco cómo iba a terminar la tarea. Mientras Dios me daba ideas y abría las puertas de oportunidades para servicio, daba un paso de fe. Cada vez, Dios se acercaba con la fuerza, la sabiduría, y la capacidad que necesitaba para tener éxito. Tenía fuerzas reservadas que ni siquiera sabía que existían, pero Dios ya sabía lo que había colocado en mí desde hace mucho tiempo.

Muchas veces miramos una tarea, y pensamos que no hay forma de hacer lo que es necesario. Esto sucede porque miramos a nosotros mismos, cuando debemos mirar a Dios.

Cuando el Señor llamó a Josué para reemplazar a Moisés y guiar a los israelitas en su llegada a la Tierra Prometida, le dijo: *...como estuve con Moisés, estaré contigo; no te dejaré, ni te desampararé* (Josué 1:5).

Si Dios promete estar con nosotros —y lo promete— eso es todo lo que necesitamos realmente. Su poder se perfecciona en nuestra debilidad (2 Corintios 12:9). Los ingredientes que faltan en el hombre natural, los agrega Él al hombre espiritual. Podemos sacar lo que necesitamos del espíritu.

## SACA TU FUERZA DEL SEÑOR

> *Por lo demás, hermanos míos, fortaleceos en el Señor [saca tu fuerza por tu unión con Él], y en el poder de su fuerza [esa fuerza que Él provee en su poder sin límite].*

> Efesios 6:10

En este pasaje, Pablo nos asegura que el Espíritu Santo vertirá fuerza en nuestro espíritu humano, mientras tenemos comunión con Él.

En Efesios 3:16, Pablo ora al Señor por nosotros, *para que os dé, conforme a las riquezas de su gloria, el ser fortalecidos con poder en el hombre interior por su Espíritu [El Espíritu Santo mismo habita en su ser interior y en su personalidad].*

En Isaías 40:31, el profeta nos dice que ... *los que esperan en el Señor renovarán sus fuerzas; se remontarán con alas como las águilas; correrán, y no se cansarán, caminarán, y no se fatigarán.*

Es obvio que, según estos pasajes y otros parecidos, somos fortalecidos cuando buscamos a Dios para obtener lo que nos falta.

Cuando primero empecé el ministerio, tenía potencial, pero tenía que trabajar mucho tiempo con lo que tenía. Dios me ayudó, y poco a poco, avancé hacia donde estoy hoy. Ciertamente no es siempre fácil. Hubo muchas veces en que pensé que no podía seguir. La responsabilidad a menudo parecía más de lo que podía manejar. Después de todo, soy dueña de casa también, y madre de cuatro hijos maravillosos. Pero mi motivación fue el deseo de ser todo lo que podía ser.

En mi vida, había mucha gente que me decía que nunca llegaría a ser nada, así que estaba decidida a no rendirme a sus profecías negativas. Dios me dijo que tenía potencial y que si confiaba en Él, y si trabajaba duro, y si rehusaba rendirme, entonces Él me ayudaría a llegar hasta la meta.

La mayoría de las cosas que valen la pena no son fáciles de hacer —no somos llenos del Espíritu para hacer cosas fáciles. ¡Nos llena de Su Espíritu para hacer cosas imposibles!

Si quieres desarrollar tu potencial y llegar a ser todo lo que puedas ser, ¡*mantén tus ojos en el premio, y sigue adelante!* No será todo fácil, pero valdrá la pena.

No puedo expresar cuánto me alegro de que no me rendí en el camino. Habría sido fácil dar excusas y darme por vencida, pero estaría sentada en alguna parte totalmente vacía e infeliz, probablemente preguntándome por qué la vida me había tratado tan mal.

La mayoría que echa la culpa por sus fracasos a otras personas o a las circunstancias tenían potencial, pero no sabían cómo desarrollarlo, o quizás no estaban dispuestos a cumplir con sus requisitos.

Cuando las cosas no resultan en nuestras vidas, Dios no tiene la culpa. Él tiene un gran plan para cada uno de nosotros. Las circunstancias no tienen la culpa, porque pueden ser superadas con fe y determinación. Otras personas no tienen la culpa porque Romanos 8:31 dice: *Si Dios es por nosotros, ¿quién [puede estar] contra nosotros?* Aunque las personas pueden atacarnos, y Satanás las utiliza para impedirnos y para torturarnos, no pueden prevalecer. Si Dios está de nuestro lado, simplemente no importa quién sea que esté en contra, porque no son más poderosos que Él.

La verdad es que, cuando las cosas no resultan, y sentimos que estamos observando la vida desde lejos, mientras los demás tienen todo el éxito, es porque no hemos obedecido a Dios, no hemos perseverado, y no hemos estado dispuestos a dar pasos gigantescos de fe. No hemos estado dispuestos a hacernos los "tontos", a ser juzgados y criticados, a ser burlados y rechazados, a ser identificados como radicales que necesitan ser tranquilizados y que deben seguir la corriente.

El mundo quiere *conformarnos*, pero el Señor quiere *transformarnos*, si hacemos las cosas a Su manera. Él nos tomará y nos cambiará en algo mucho mejor de lo que soñábamos —si rehusamos rendirnos y seguimos corriendo la carrera que tenemos por delante.

## CORRIENDO LA CARRERA

> *...despojémonos de todo peso [innecesario] y del pecado que nos asedia [hábilmente y astutamente], y corramos con paciencia la carrera que tenemos por delante.*
>
> Hebreos 12:1

Cuando el autor de la Epístola a los Hebreos les dijo que se *quitaran todo peso que les impedía correr*, estaba pensando en los atletas en el día que corrían con la intención de ganar. Literalmente se quitaban toda la ropa excepto una prenda íntima. Se aseguraban de que nada pudiera enredarlos e impedir que corrieran lo más rápido posible. ¡Ellos querían ganar! Algunos corren sin tratar de ganar — sólo por la diversión de participar.

Para desarrollar nuestro potencial y llegar a ser lo que Dios quiso que fuéramos, tenemos que dejar de lado las otras cosas. Para ganar en la vida, tenemos que hacer las cosas que logren nuestras metas y cumplan nuestro propósito. Debemos aprender a decir que "no" a la gente con buenas intenciones que quieren que nos involucremos en un sinfín de cosas que al final roban nuestro tiempo y no producen fruto.

El apóstol Pablo estaba empeñado en desarrollar su potencial. Se imaginaba en una carrera, estirando cada nervio y cada músculo, ejerciendo cada milígramo de fuerza, como un corredor con las venas hinchadas, para no caer antes de llegar a la meta.

Tenemos que decidir unirnos con Dios en su deseo de hacernos excelentes y no mediocres. Debemos hacer inventario de nuestra vida y eliminar todo lo que nos enrede o que nos quite tiempo. Tenemos que estar decididos, trabajar duramente, y rehusar rendirnos —sacando la fuerza de Dios, no dependiendo de nosotros mismos. Si hacemos estas cosas persistentemente, tarde o temprano tendremos la victoria. Si estamos corriendo simplemente para pasarlo bien, no obtendremos el premio.

Hebreos 12:1 nos dice que nos quitemos todo lo que nos impida y también el *pecado* que nos enreda. Es casi imposible ser un éxito espiritual con pecado consciente y voluntario en nuestras vidas. No quiero decir que tengamos que ser 100% perfectos para que Dios nos pueda utilizar, pero estoy diciendo que debemos tener una actitud agresiva contra el pecado en nuestras vidas. Cuando Dios dice que algo es malo, entonces es malo. No es necesario discutir, reflexionar, echar la culpa a otros, dar excusas, o sentir lástima de nosotros mismos —necesitamos ponernos de acuerdo con Dios, pedir perdón, y cooperar con el Espíritu Santo para sacar eso de nuestra vida para siempre.

Temo que la iglesia moderna no está muy interesada en la santidad. Nadie se entusiasma cuando predicamos acerca del tema, y me he dado cuenta de que no compran muchos casetes acerca del tema. Una serie acerca del éxito se vende bien, pero la santidad o la crucifixión de la carne no son tan populares. Pero gracias a Dios, hay un remanente, los pocos individuos que no están tratando de pasarlo bien, sino que quieren glorificar a Dios con sus vidas, siendo todo lo que Él quiere que sean.

## SED SOBRIOS EN TODO

> *¿No sabéis que los que corren en el estadio, todos a la verdad corren, pero uno sólo se lleva el premio? Corred [la carrera] de tal manera que lo obtengáis [el premio]. Todo aquel que lucha, de todo se abstiene; ellos, a la verdad, para recibir una corona corruptible, pero nosotros, una incorruptible [de bendición eterna]. Así que, yo de esta manera corro, no como a la ventura [sin rumbo]; de esta manera peleo, no como quien golpea el aire [un boxeador], sino que golpeo mi cuerpo [lo disciplino a través de dificultades], y lo pongo en servidumbre, no sea que habiendo sido heraldo para otros, yo mismo venga a ser eliminado [que sea rechazado, no aprobado].*

> 1 Corintios 9:24-27

Los que intentamos correr para ganar debemos conducirnos con moderación y limitarnos en todas las cosas. No podemos esperar que otros nos obliguen a hacer lo correcto. Tenemos que escuchar al Espíritu Santo y actuar nosotros mismos.

Pablo dijo que golpeaba su cuerpo. Quiso decir que lo disciplinaba porque no quería predicar a otros, diciendo lo que debían hacer, y después fallar él en lo mismo. ¡Pablo corría para ganar! Sabía que no podría lograr su potencial si no sometía su cuerpo, su mente, y sus emociones bajo el control del Espíritu Santo.

La autodisciplina es el aspecto más importante de cualquier vida, pero especialmente entre los cristianos. Si no disciplinamos nuestras mentes, nuestras bocas, y nuestras emociones, nos arruinaremos. Si no aprendemos a gobernar nuestra ira, nunca tendremos el éxito que nos corresponde.

Considere los siguientes pasajes:

*El que fácilmente se enoja hará locuras;*
*y el hombre perverso será aborrecido.*

Proverbios 14:17

*Mejor es el que tarda en airarse que el fuerte; y el*
*que se enseñorea de su espíritu, que el que toma*
*una ciudad.*

Proverbios 16:32

*No te apresures en tu espíritu a enojarte; porque el*
*enojo reposa en el seno de los necios.*

Eclesiastés 7:9

*Por esto, mis amados hermanos, todo hombre sea*
*pronto para oír, tardo para hablar, tardo para*
*airarse; porque la ira del hombre no obra la*
*justicia de Dios [sus deseos y sus requisitos].*

Santiago 1:19,20

La cita de que la ira del hombre no logra la justicia de Dios significa que el enojo no es la conducta correcta para el hombre; no traerá el bien a su vida.

Una parte de la justicia que Dios desea y anhela para nosotros es el desarrollo del potencial personal. La gente enojada está demasiado ocupada con su rabia para lograr ser lo mejor que pueden ser.

Si estamos decididos a correr para ganar, tenemos que resistir las emociones negativas. Hay muchas otras emociones negativas además de la ira, y debemos conocerlas y estar preparados para tomar autoridad sobre ellas y controlarlas en cuanto levanten sus cabezas feas. Lo siguiente es una lista parcial de las emociones negativas con las cuales debemos tener cuidado:

ira
amargura
depresión
desesperación
desánimo
envidia
avaricia
odio
impaciencia
celos
flojera
codicia
ofensa
orgullo
resentimiento
tristeza
lástima de sí mismo
falta de perdón

## "CORRAMOS CON PACIENCIA" ———————

*...corramos con paciencia la carrera que
tenemos por delante.*

Hebreos 12:1

El versículo no solamente nos anima a correr, sino también a correr con paciencia. No podemos ser llenos sin paciencia. Para ilustrarlo, aquí tienes una historia basada en artículos que salieron en el diario *The Houston Chronicle*, en el año 1997:

"La gelatina *Jell-O* cumple 100 años este año y la historia acerca de su inventor es realmente irónica. En el año 1897, Pearl Wait tenía dos trabajos. Era obrero de la construcción y también hacía remedios y los vendía puerta a puerta. En medio de su trabajo con los remedios, se le ocurrió la idea de mezclar sabores de frutas con la gelatina granulada. Su esposa lo llamó *Jell-O*, y Pearl Wait ya tenía otro producto para vender. Desafortunadamente las ventas no eran tan buenas como esperaba, así que en el año 1899, vendió sus derechos de *Jell-O* a Orator Woodward por $450 dólares. Woodward conocía la importancia del "mercadeo", así que dentro de ocho años, el vecino del señor Wait convirtió una inversión de $450 dólares en un negocio de un millón de dólares. Hoy, ningún pariente de Pearl Wait recibe ganancias de las 1.1 millones de cajitas de *Jell-O* que se venden cada día. ¿Por qué? Porque ¡El señor Wait no pudo esperar!"[3]

Esta actitud de impaciencia es una de las principales razones por las que muchas personas nunca logran su potencial completo. Posiblemente recuerden que dije antes, que el tiempo es una de las cosas que está entre el potencial y la manifestación deseada. Pearl Wait deseaba la manifestación de llegar a ser rico por su invento del *Jell-O*, pero su impaciencia le impidió disfrutar del potencial.

## LA PACIENCIA LOGRA LA PERFECCIÓN

*Hermanos míos, tened por sumo gozo cuando os halléis en diversas pruebas, sabiendo que la prueba de vuestra fe produce paciencia. Mas tenga la paciencia su obra completa, para que seáis perfectos y cabales, sin que os falte cosa alguna.*

Santiago 1:2-4

Este pasaje nos dice que cuando la paciencia haya hecho su trabajo perfecto, nosotros también seremos perfectos [totalmente desarrollados], y completos, sin que nos falte nada. También habla de las pruebas de todo tipo, y nos dice que durante el tiempo de prueba debemos tener paciencia.

Como mencioné en mi libro, *El campo de batalla de la mente*, "la paciencia no es la capacidad de esperar, sino la capacidad de mantener una actitud buena mientras esperamos".[4]

La paciencia es el fruto del Espíritu que se manifiesta en una actitud calmada y positiva. La impaciencia está llena de emociones negativas, y es una de las herramientas que Satanás utiliza para impedir que logremos la plenitud y la integridad.

Hebreos 10:36 nos indica que deberíamos tener paciencia para hacer la voluntad de Dios.

Pregunté al Señor: "¿Cuándo, Dios? ¿Cuándo?" miles de veces antes de darme cuenta de que, según el Salmo 31:15, mis tiempos están en sus manos. Dios sabe exactamente el momento que es correcto para todo, y nuestra impaciencia no lo va a apurar.

## ESPERA EL TIEMPO PERFECTO DE DIOS

*No nos cansemos, pues, de hacer bien; porque a su tiempo segaremos, si no desmayamos.*

Gálatas 6:9

"A su tiempo" significa el tiempo de Dios, no el nuestro. Nosotros estamos apurados, Dios no. Él usa el tiempo para hacer las cosas bien —coloca cimientos sólidos antes de construir el edificio. Somos el edificio de Dios en construcción. Él es el Constructor Maestro, y Él sabe lo que está haciendo. Posiblemente nosotros no sepamos lo que está haciendo, pero Él sí lo sabe y eso debe bastarnos. A veces no sabemos, pero podemos estar satisfechos porque conocemos a la Persona que sabe.

El tiempo de Dios parece ser Su propio secreto. La Biblia promete que nunca tardará, pero he descubierto que normalmente tampoco es temprano. Parece que toma cada oportunidad para desarrollar el fruto de paciencia en nosotros.

El diccionario *Vine* de palabras griegas explica el significado de *paciencia* en Santiago 1:3 como "paciencia, que crece solamente en las pruebas..."[5] Paciencia es un fruto del Espíritu que crece en las tribulaciones.

Mi temperamento natural está lleno de impaciencia. He llegado a ser más paciente a través de los años, pero todo el tiempo de espera que ha sido necesario para enseñarme la paciencia ha sido difícil para mí. ¡Yo quería todo *inmediatamente!*

Finalmente encontré que tenemos dos opciones: podemos caer encima de la Roca [Jesús] y ser quebrantados, ¡o la Roca puede caer encima de nosotros y quebrarnos! (Mateo 21:44). En otras palabras, podemos cooperar con el Espíritu Santo, sin resistir la obra que Dios está haciendo en nosotros, o podemos rehusar cooperar voluntariamente. De esta manera, en el momento preciso, Dios tendrá que tratarnos en forma más severa de lo que habría deseado. Las cosas resultarán para nuestro bien, pero siempre es mejor entregar algo voluntariamente, y no sufrir una pérdida forzada.

Tenía que someter mi voluntad a la voluntad del Señor. Tenía que entregarme en sus brazos y confiar en Su tiempo. Suena fácil, pero no lo fue para mí.

Estoy agradecida por el hecho de que nuestros temperamentos pueden ser controlados por el Espíritu Santo. El fruto del Espíritu está en nosotros, y está creciendo con todo lo demás. A la medida que se desarrolla nuestro potencial, también se desarrolla nuestro carácter, con una actitud semejante a la de Cristo. Se desarrollan juntos. Hay varias cosas que deben llegar a la meta en el mismo momento para ganar la carrera.

Desarrollar el potencial, sin el carácter, no glorifica a Dios. Si somos un gran éxito, pero somos duros con otras personas —eso no agrada al Señor. Por lo tanto, si nos adelantamos en una área, Él suavemente, pero firmemente, bloquea nuestro progreso en esa área, hasta que la otra alcance.

Cuando mi ministerio empezó a adelantarse a mi crecimiento espiritual, Dios en su misericordia bloqueó el progreso del ministerio. Por supuesto, no entendí, y estaba muy molesta. Pasé mi tiempo echando los demonios, y tratando de hacer lo que parecía guerra espiritual. Estaba segura de que era Satanás que se me oponía —pero descubrí que era Dios. Yo quería adelantarlo, y Él me frenaba, aunque no me gustara.

No apreciamos esto cuando sucede, pero después nos damos cuenta de que nos habríamos metido en un tremendo lío, si hubiésemos hecho las cosas según nuestra programación, y no la de Dios.

La paciencia es vital para el desarrollo de nuestro potencial. En realidad, nuestro potencial se logra en la medida que se desarrolla la paciencia. Es la manera de Dios —no hay otra manera. ¡Más vale calmarse y disfrutar del viaje!

Si nosotros no desarrollamos nuestro potencial, no será desarrollado, porque nadie más está interesado en hacerlo por nosotros. En ocasiones, encontramos a algunos de esos individuos escasos que se deleitan en ayudar a otros a lograr su potencial —¡pero son escasos! Mi esposo David lo ha hecho para mí, y estoy muy agradecida por su ayuda en llegar a ser todo lo que puedo ser. Estoy logrando ser yo misma, y yo quiero lo mismo para ti.

Encuentra lo que quieres hacer, y entrénate para eso. Busca la máxima realización de tu potencial sin tregua.

Si sabes que puedes componer canciones buenas, desarrolla tu don; arregla tu vida para que puedas componer. Si sabes que puedes dirigir el culto, entonces practícalo, aprende las canciones, canta con todo tu corazón, y créelo. Empieza a dirigir la adoración, ¡aunque sea con tu gato, o con tus niños! Si sabes que tienes talento para los negocios, una capacidad para ganar dinero, entonces estudia, ora, asiste a la universidad, y da el paso.

Lo que sea tu don y tu llamado, entrégalo al Señor, y empieza a *realizar tu potencial*.

Debemos progresar de alguna forma cada día. Debemos dar un paso adelante, dejando lo que está atrás. Eso incluye errores y victorias. Aferrarse a las victorias del pasado también puede impedir que lleguemos a ser todo lo que Dios quiere que seamos en el futuro.

Toma una decisión ahora mismo, que nunca estarás satisfecho con ser menos de lo que puedes ser.

# 7
## &

## Conoce la diferencia entre "ser" y "hacer"

# 7
## CONOCE LA DIFERENCIA ENTRE "SER" Y "HACER"

**Concluimos, pues, que el hombre es justificado por fe sin las obras de la ley. [La observancia de la ley no tiene nada que ver con la justificación]**

**ROMANOS 3:28**

Si realmente deseamos tener éxito en ser nosotros mismos, es absolutamente necesario tener una comprensión completa de lo que nos justifica y nos reconcilia con Dios. Como hemos visto en Efesios 2:8-9, somos justificados sólo por la fe en Cristo, y no por nuestras obras.

Si tenemos fe verdadera, haremos buenas obras, pero no confiamos en ellas. Nuestras obras se hacen como un acto de amor a Dios - en obediencia a Él - y no como "obras de la carne" por las cuales esperamos lograr estar bien con Dios y aceptados por Él.

La mayoría de la gente hoy pasa mucho tiempo de su vida, incluso quizás su vida entera, sintiéndose mal consigo misma. El mundo, me parece, continuamente nos da el mensaje de que nuestro valor depende de lo que hacemos. Decimos cosas como, "¿cuál es tu trabajo? ¿cómo te ha ido? ¿qué haces?" Satanás quiere que estemos más interesados en lo que hacemos que en lo que somos como individuos. Esta mentalidad está profundamente arraigada en nuestra forma de pensar, y no se saca fácilmente.

Cuando éramos niños, nuestra familia comparaba nuestros logros con los de otros, y nos preguntaban por qué no nos iba tan bien como a nuestra prima, nuestro vecino, o nuestros hermanos. Pensábamos que estábamos haciéndolo lo mejor posible, y no teníamos respuestas para esas preguntas exigentes, pero resolvíamos esforzarnos más todavía. Y lo hacíamos. Tratábamos, y tratábamos, y tratábamos, pero todo parecía inútil. No importaba lo diligente que fuéramos, parecía que alguien no estaba satisfecho. Recibíamos el mensaje que teníamos algún problema. Pensábamos que si no podíamos hacer algo grande, entonces no seríamos aceptados por Dios o por otras personas.

Esta teoría solamente deja a la gente agotada, cansada, confundida, y a veces mentalmente enferma. Yo creo ciertamente que lo que lleva a millones de personas a los terapeutas, a los consejeros, a los psiquiatras y a los sicólogos, es que no saben quiénes son. Quieren hablar con alguien que les entienda, alguien que no les haga sentirse culpables. No han sido afirmados por sus padres o sus compañeros, y como resultado, se sienten profundamente fracasados. Piensan que tienen algún tipo de problema mental, social o psicológico, mientras lo único que realmente necesitan es amor y aceptación incondicional.

Tú y yo haremos cosas que no están bien, pero no cambiaremos esas conductas hasta que seamos aceptados y amados, aparte de lo que hacemos.

Jesús ofrece lo que el mundo busca, pero Satanás ha guardado muy bien el secreto. La iglesia en muchos casos ha magnificado las leyes y los reglamentos en vez de una relación personal con el Padre a través de Jesucristo Su Hijo.

## ALGUIEN QUE COMPRENDE

*Porque no tenemos un sumo sacerdote que no pueda compadecerse de nuestras debilidades [nos comprende], sino uno que fue tentado en todo según nuestra semejanza, pero sin pecado. Acerquémonos, pues, confiadamente al trono de la gracia [favor no merecido para pecadores], para alcanzar [recibir] misericordia y hallar gracia para el oportuno socorro [ayuda apropiada que llega justo en el momento que la necesitamos].*

Hebreos 4:15,16

Hay varias palabras clave en estos versículos que no debemos pasarlas por alto: compadecerse, gracia, favor, recibir, y misericordia. Son todas palabras relacionadas con el acto de "dar", es decir, palabras que representan el hecho de que Dios nos da lo que no merecemos, simplemente porque Él es bueno. Entre estas palabras, la más importante es *compadecerse*.

De este pasaje, vemos que Dios nos comprende.

No te puedo decir cuán reconfortante fue para mí aprender que Jesús *me comprende*.

Jesús comprende cuando nadie más comprende. Nos comprende, incluso, cuando ni siquiera nos comprendemos a nosotros mismos. Él conoce el ¿por qué? detrás del ¿qué? Permíteme explicar lo que quiero decir con esto.

La gente ve solamente lo que hacemos, y quieren saber por qué no lo hacemos mejor, o con qué motivo lo hacemos. Jesús sabe por qué actuamos como lo hacemos. Él ve y recuerda todas las heridas y golpes emocionales de nuestro pasado. Él sabe para qué fuimos creados. Él conoce el temperamento que nos fue dado dentro del vientre de nuestra madre. Él conoce y comprende nuestras debilidades [que todos tenemos]. Él conoce cada temor, cada inseguridad, cada duda, todos nuestros pensamientos equivocados acerca de nosotros mismos.

Una vez que entremos en una relación personal con Él para nacer de nuevo [aceptándolo como Señor y Salvador], Él comienza un proceso de restauración en nuestra vida que no terminará totalmente hasta que abandonemos la tierra. Una por una, Él restaura todo lo que Satanás nos ha robado.

Debemos resistir agresivamente las actitudes legalistas que prevalecen en nuestra sociedad. El legalismo involucra el "hacer"; no tiene que ver con el "ser".

*Debemos entender la diferencia entre "ser" y "hacer".*

Jesús nos comprende, nos ama incondicionalmente, y está comprometido a operar en nosotros a través del Espíritu Santo —y no nos condena en el proceso.

El mundo exige que cambiemos. Constantemente nos comunica que hay algo malo en nosotros si no podemos hacer lo que esperan de nosotros. Por nosotros mismos, no podremos hacer todo lo que esperan de nosotros. Nuestra única esperanza está en quiénes somos en Cristo.

## "EN CRISTO"

*Porque en él vivimos, y nos movemos, y somos...*

Hechos 17:28

Las frases, "en Cristo", "en Él", o "en quien", que se encuentran en muchos libros del Nuevo Testamento, son vitalmente importantes. Si no se entienden, no tendremos una perspectiva correcta acerca de nuestro "ser", y pasaremos nuestras vidas frustrados, tratando de mejorar nuestro "hacer".

Cuando recibimos a Jesucristo como Señor y Salvador, Dios nos ve "en Él". Lo que Él ganó y mereció, lo heredamos. Mirando nuestra relación con los hijos naturales nos ayudará a entender el tema.

Tengo cuatro hijos, que originalmente estaban "en mí". Ahora muchos aspectos de su apariencia y de sus personalidades se derivan del hecho de que empezaron sus vidas "en mí". Recibieron mi contextura física, mi naturaleza, mi temperamento, entre otras cosas. Ahora que son adultos, tienen la libertad para "hacer" cosas que me enorgullecen — pero nunca deben olvidar que empezaron "en mí". Esa relación durará para siempre.

La relación con Jesús es llamada "nacer de nuevo" en Juan 3:3. Nicodemo preguntó a Jesús: *¿cómo puede un hombre entrar al vientre de su madre de nuevo?* (v. 4) Le faltaba ver que Jesús hablaba de un nacimiento espiritual, un nacimiento en que nos sacan de una vida mundana y nos colocan en una nueva forma de pensar, de hablar, y de actuar.

Tenemos que saber quiénes somos en Cristo. Es nuestro comienzo, el lugar donde empezamos una nueva vida. Sin una comprensión profunda de esta verdad, vagaremos en la vida, incluso como cristianos, creyendo que el grado de aceptación que Dios nos conceda depende de nuestra conducta.

La verdad es que Dios nos acepta debido a la conducta de Jesús, y no a la nuestra. Cuando murió en la cruz, morimos con Él. Cuando fue enterrado, fuimos enterrados con Él. Cuando resucitó, resucitamos con Él. Así Dios decide vernos a todos los que creemos sinceramente en Jesús como nuestro sacrificio sustituto, y como el pago por nuestros pecados.

## "EN ÉL Y POR ÉL"

> *El que no conoció pecado, por nosotros lo hizo pecado [virtualmente], para que nosotros fuésemos hechos justicia [nos imputan Su justicia, nos consideran justos] de Dios en él. [Somos aceptados en Él, y somos reconciliados con Él, por Su bondad]*

2 Corintios 5:21

Dios elige vernos como "justos" porque Él quiere vernos así. Efesios 1:4,5 enseña que Dios decidió amarnos y vernos como sin culpa, porque Él lo quiso así, porque le complació.

> *Según nos escogió [en Su amor, nos seleccionó para ser Suyos] en él antes de la fundación del mundo, para que fuésemos santos [consagrados y apartados para Él] y sin mancha delante de él, en amor habiéndonos predestinado [planificó de antemano en amor] para ser adoptados hijos suyos por medio de Jesucristo, según el puro afecto de su voluntad [porque le agradó].*

Cuando enseño acerca de este tema, siempre pienso en la relación entre mi esposo y mi hijo. Mi hijo mayor, David, es hijo de un matrimonio anterior. Me casé a los dieciocho años. En mi niñez, había sido abusada sexualmente, y el joven de diecinueve años con quien me casé, no había sido disciplinado apropiadamente. Era un hombre muy persuasivo que se aprovechaba de todos. Me dijo que me amaba, y como pensé que nadie me iba a amar nunca, aproveché la oportunidad para casarme, aunque sabía en mi corazón que el matrimonio no iba a resultar. Mi marido joven fue infiel, y casi nunca trabajaba. Después de cinco años de rechazo y otro dolor emocional, me divorcié de él. De ese matrimonio tuvimos un hijo, y le di el nombre de mi hermano, David. Cuando el niño tenía nueve meses, conocí a Dave Meyer, quien sería mi esposo durante más de treinta años.

David fue adoptado por Dave. Dave decidió amar y aceptar a David, antes de que David lo aceptara, incluso antes de que tuviera una relación con él, o lo conociera. Dave y yo tuvimos un noviazgo breve. Después de salir juntos cinco veces, me propuso matrimonio. Era un cristiano nacido de nuevo, lleno del Espíritu, buscando a una esposa. ¡Pidió a Dios que le diera a alguien que necesitaba ayuda! ¡Sus oraciones fueron en verdad contestadas cuando se casó conmigo! Él fue guiado por el Espíritu en nuestra relación. Me dice que sabía que iba a casarse conmigo la primera noche que me conoció. Le gustan los desafíos, y supo inmediatamente que yo sería uno.

La noche que Dave me propuso matrimonio, le pregunté acerca de mi hijo. No sabía cómo se sentía acerca de David. La respuesta de Dave era preciosa, e ilustra cómo se siente Dios acerca de nosotros. Dijo: "Aunque no conozco a David muy bien, lo amo porque te amo a ti, y amo a todo que es parte de ti".

Es así como empezamos una relación amorosa con Dios, en que nos acepta por causa de Su bondad y no la nuestra. Ha aceptado a Cristo y su obra expiatoria en la cruz. Él nos acepta porque nosotros, como creyentes, estamos "en Cristo".

Lo siguiente es una lista parcial de las cosas que son nuestras ahora en virtud de que estamos "en Cristo":

*Bendito sea el Dios y Padre de nuestro Señor Jesu-
cristo [el Mesías], que nos bendijo con toda bendición espiritual en los lugares celestiales en Cristo.*

Efesios 1:3

*Para alabanza de la gloria de su gracia [favor y
misericordia], con la cual nos hizo aceptos en el
Amado...*

Efesios 1:6

*en quien tenemos redención [liberación y
salvación] por su sangre, el perdón de pecados
según las riquezas de su gracia.*

Efesios 1:7

*En él asimismo tuvimos herencia, habiendo sido
predestinados conforme al propósito del que hace
todas las cosas según el designio de su voluntad...*

Efesios 1:11

*En él también vosotros, habiendo oído la palabra
de verdad, el evangelio de vuestra salvación,
habiendo creído en él, fuisteis sellados con el
Espíritu Santo de la promesa.*

Efesios 1:13

*Aun estando nosotros muertos en pecados, nos dio
vida [nos dio la vida de Cristo mismo, la vida
nueva con que lo había resucitado] juntamente
con Cristo [por gracia sois salvos, liberado del
castigo, y hechos partícipes de la salvación
de Cristo]...*

Efesios 2:5

*Porque por medio de él los unos y los otros
[estando cerca o lejos] tenemos entrada por un
mismo Espíritu [Santo] al Padre [podemos
acercarnos a Él].*

Efesios 2:18

*En quien vosotros también sois juntamente
edificados para morada de Dios en el Espíritu.*

Efesios 2:22

*Arraigados y sobreedificados en él [cimentados en
Él], y confirmados en la fe, así como habéis sido
enseñados, abundando en acciones de gracias.*

Colosenses 2:7

*Y vosotros estáis completos en él, que es la cabeza
de todo principado y potestad. [En Cristo, estás
lleno de Dios —Padre, Hijo, y Espíritu Santo]...*

Colosenses 2:10

Esta es una pequeña porción de entre las muchas en las Escrituras que se refieren a esto, pero creo que puedes deducir de estos ejemplos cuán importante es entender la diferencia entre estar "en Cristo" y hacer buenas obras para ganar favor.

En verdad, es imposible "ganar un favor"; de otro modo, no sería un favor. Un favor es algo que se hace por bondad, no porque lo merezcamos.

## RESTAURANDO NUESTRO VALOR ────────

*Guardaos de los perros [los legalistas, judaizantes]
guardaos de los malos obreros, guardaos de los
mutiladores del cuerpo. Porque nosotros
[los cristianos] somos la circuncisión, los que en*

*espíritu servimos a Dios y nos gloriamos en Cristo
Jesús, no teniendo confianza en la carne.*

Filipenses 3:2-3

Este pasaje destruye cualquier base para creer que nuestra confianza pueda estar puesta en algo que hayamos hecho o que podríamos hacer. Claramente nos dice que nuestra confianza no debe estar en la "carne", sino en Cristo Jesús. También nos advierte contra el legalismo.

Nos libera cuando nos damos cuenta de que nuestro valor no está basado en lo que hacemos, sino en lo que somos en Cristo. Dios nos ha asignado valor, permitiendo que Jesús muriera por nosotros. En el mismo hecho de la muerte de Cristo en la cruz, y el sufrimiento que experimentó, Dios el Padre está diciendo a cada uno de nosotros: "Tú tienes mucho valor para mí, y pagaría cualquier precio para redimirte y asegurar que tengas la vida buena que quise para ti".

Una vez que hayamos arreglado nuestro "ser", sólo entonces podemos empezar a orar con eficacia acerca de nuestro "hacer".

Tú dirás: "Pero, Joyce, ¡no puedo creer que Dios no esté interesado en lo que hacemos!"

Tienes razón. Dios sí está interesado en nuestros hechos. Quiere que sean correctos. En verdad, quiere que crezcamos para ser cristianos maduros que viven como Jesús cuando caminó en la tierra. Dios quiere que hagamos buenas obras —pero no quiere que dependamos de ellas para ganar algo. Desea que hagamos buenas obras porque lo amamos. Desea nuestras buenas obras como respuesta a lo que Él ha hecho para, por, y en nosotros.

Una vez que supe quién era en Cristo, empecé a hacer buenas obras por *las razones correctas*.

Muchas personas hacen buenas obras pero las razones son incorrectas, y no reciben ningún premio por ellas.

Nuestros motivos son muy importantes para Dios. Puedo recordar cuando leía mi Biblia diariamente, pensando que Dios estaría complacido o impresionado si leía porciones grandes cada día. Pero como leía por razones equivocadas, mi lectura era una esclavitud, y no un gozo. Leer la Biblia cada día, y asegurar que leyera una cierta cantidad, llegó a ser una ley. Si no lo hacía, me sentía culpable.

El Señor me reveló un día que estaba leyendo con el motivo incorrecto. Puso este pensamiento en mi corazón: "Dios conoce la Biblia. No estoy leyéndola para Él; estoy haciéndolo para saber lo que Él quiere que haga, y para hacerlo".

El Señor me mostró que leer un solo versículo, y entenderlo bien, es mejor que leer diez capítulos, sin recordar lo que he leído. En nuestra sociedad hoy, estamos demasiado impresionados con la cantidad, ¡y no suficiente con la calidad!

Estaba tan concentrada en lo que debía "hacer", que me olvidé de simplemente "ser". Somos llamados a ser *seres humanos* porque eso es lo que debemos ser; de otra manera, seríamos *hacedores humanos*.

Satanás grita a menudo en nuestros oídos: "¿Qué vas a hacer?" "¡Tienes que hacer algo!" En un sentido, tiene razón; hay algo que debemos hacer —¡*creer*! Siempre debemos estar creyendo.

## TU "SER" ARREGLARÁ TU "HACER"

> *Esto solo quiero saber de vosotros: ¿Recibisteis el Espíritu por las obras de la ley, o por el oír con fe? Tan necios sois? ¿Habiendo comenzado [su vida espiritual] por el Espíritu, ahora vais a acabar por la carne [dependiendo de la carne]? ¿Tantas cosas habéis padecido en vano [sin propósito]? si es que realmente fue en vano.*
>
> Gálatas 3:2-4

Estaba haciendo muchas cosas mal, y tenía muchas actitudes malas. Necesitaba desesperadamente un cambio, y lo deseaba. ¡*Estaba haciendo un esfuerzo!* Pero nada resultaba. Me sentía siempre condenada. Me sentía un fracaso como cristiana. Estaba segura que todos los demás eran mejores que yo. ¿Cómo podía Dios usarme a mí?

*¡Estaba concentrándome en algo equivocado!*

Seguí buscando lo que estaba haciendo mal, cuando debería haber estado desarrollando una relación con el Señor. Supongo que pensaba que Él no quería nada conmigo hasta que yo estuviera "corregida". Sabía que me había salvado, pero la comunión era algo distinto. Cuando encontraba el tiempo para estar con el Señor, pasaba ese tiempo diciéndole cuán terrible yo era, y cuán mal me sentía por ser tan terrible. Entonces prometía mejorar, pero nunca encontraba cómo.

¡Finalmente lo vi! En Romanos 8:1, recibí una revelación acerca de la justicia que viene a través de Jesucristo: *Ahora, pues, ninguna condenación hay para los que están en Cristo Jesús... [Eso me sonaba bien, pero después vi lo que seguía] ... para los que no andan conforme a la carne, sino conforme al Espíritu.* Ahora volví al comienzo. Seguramente si podía andar siempre conforme al Espíritu, no habría ninguna condenación, pero no podía; entonces ¿qué iba a pasar conmigo?

Entonces Dios me reveló esto para mi vida: Sí, si ando conforme al Espíritu y no conforme a la carne, no tendré condenación. Pero cuando cometía pecado [y todos lo hacemos], hay una manera "carnal" y una manera "espiritual" para manejarlo. Yo estaba manejando lo mío de una manera "carnal". Cuando me ponía carnal y pecaba [quizás enojarme o decir cosas indebidas], estaba quedando en la carne, buscando perdón. Estaba haciendo cosas para arreglar lo que había hecho, en vez de aceptar el perdón como un regalo. Una vez que recibí el regalo, estaba libre para hacer cosas buenas, porque estaba conmovida por el amor de Dios y su misericordia. Mi corazón estaba tan lleno de amor por Él que rebalsaba con buenas obras.

Mi problema era que quería cambiar, pero tenía confundido mi "ser" con mi "hacer". Estaba tratando de "hacer" algo para que mi "ser" estuviera bien. Pero en verdad tenía que saber "quién" era en Cristo, y Él me ayudaría a "hacer" las cosas correctas por las razones correctas.

Esto no es un problema moderno. Pablo se dirigía frecuentemente a este asunto. En su epístola a los gálatas, les preguntaba por qué estaban tratando de perfeccionarse en la carne. Insistía que recordaran el hecho de que su vida nueva espiritual nació por la fe, y por la confianza en el Espíritu Santo; por lo tanto, ¿por qué tendrían que lograr la perfección de una manera distinta a la que empezaron?

Concluyó diciendo que si no dejaban este tipo de legalismo, todo lo que habían sufrido sería sin propósito, y en vano.

No sé de ti, pero yo he llegado demasiado lejos para volver a echarlo a perder ahora. Yo sé cuál es el camino correcto para acercarme a Dios, y como yo lo veo en Su Palabra, es por la fe en lo que ha hecho Jesús, y no en lo que yo pueda hacer.

No podemos lograr ser nosotros mismos sin saber estas cosas. Para tener éxito, debemos dar *un paso de fe*, y no depender de *nuestras obras*. Si creemos que nuestra aceptación está basada en lo que hacemos, siempre nos sentiremos rechazados cuando cometemos un error. Pero si dependemos de quiénes somos en Cristo, en vez de depender de lo que hacemos para Él, nuestro "ser" arreglará nuestro "hacer".

## DE GLORIA EN GLORIA

*Porque el Señor es el Espíritu; y donde está el Espíritu del Señor, allí hay libertad. Por tanto, nosotros todos, mirando a cara descubierta como en un espejo la gloria del Señor, somos transformados de gloria en gloria en la misma imagen, como por el Espíritu del Señor.*

2 Corintios 3:18

Volvamos a la pregunta original que hicimos al principio del libro:

*¿Cómo te ves a ti mismo?*

¿Puedes evaluarte honestamente, y evaluar tu conducta, sin caer bajo condenación? ¿Puedes ver cuánto te falta, pero también ver cuánto has logrado? Donde estás ahora no es donde vas a terminar. Ten una visión de la meta final, o nunca partirás en la carrera.

En una traducción de 2 Corintios 3:18, dice que Dios nos cambia *de un grado de gloria a otro*. En otras palabras, tanto los cambios personales en nosotros, como los cambios en las circunstancias, suceden gradualmente.

*¡Estás en un grado de gloria ahora mismo!*

Si has nacido de nuevo, estás en algún lugar en el camino de los justos. Quizás no tan lejos como quisieras, pero estás en el camino correcto. Había un tiempo cuando estabas totalmente fuera de una relación del pacto, por causa de la falta de fe. (Efesios 2:11,12). Pero ahora perteneces a la familia de Dios y estás siendo transformado por Él cada día. Disfruta de la gloria que tienes ahora, y no estés envidioso de la ubicación de otros. Ellos también tuvieron que pasar alguna vez por donde tú estás ahora.

Tenemos una tendencia fuerte [carnal] a comparar nuestra gloria con la gloria de los demás. El diablo arregla las cosas para que pensemos así, pero no es el camino de Dios. Dios quiere que nos demos cuenta de que Él tiene un plan especial para cada uno de nosotros. Satanás quiere asegurar que no estemos contentos con lo que tenemos en el momento. Él quiere que estemos compitiendo el uno con el otro, siempre deseando lo que tiene otra persona. Cuando no sabemos cómo disfrutar la gloria que tenemos en el momento, solamente hacemos más lento el proceso de madurez. No creo que pasemos al siguiente grado de gloria hasta que aprendamos a disfrutar del grado donde estamos.

En este sentido, una "gloria" es simplemente el lugar que es mejor que el lugar anterior.

He tenido tantas fallas en mi personalidad y carácter que aun después de cinco años de tratar de caminar con el Señor, todavía sentía que no había progresado. No obstante, todo ese tiempo, estaba llegando a ser un poco más gloriosa.

Normalmente somos muy duros con nosotros mismos. Podríamos crecer más rápidamente si nos relajáramos más. No podemos vivir de acuerdo con nuestros sentimientos en estos asuntos. Satanás se asegura de que frecuentemente tengamos el sentimiento de que somos un desorden sin remedio, o de que Dios no está obrando en nuestras vidas. Tenemos que aprender a vivir de acuerdo con la Palabra de Dios, y no de acuerdo con nuestros sentimientos. Su Palabra indica que, mientras creemos, ¡está obrando en nosotros!

## SOMOS UNA OBRA EN PROCESO

*...la palabra de Dios, la cual actúa en vosotros los creyentes. [Ejerciendo su poder sobrenatural en los que adhieren a ella, confían en ella, y cuentan con ella].*

1 Tesalonicenses 2:13

Te animo a decir cada día: ¡*Dios está obrando en mí ahora mismo —me está cambiando!* Habla con tu boca lo que dice la Palabra, no lo que sientes.

Parece que hablamos sin cesar de lo que sentimos. Cuando hacemos eso, es difícil que la Palabra de Dios actúe en nosotros eficazmente. Exageramos nuestros sentimientos acerca de todo lo demás, y dejamos que dirijan nuestras vidas.

Muchas veces nos sentimos "rechazados", así que creemos que la gente nos rechaza. La verdad es que quizás ni nos vean; por lo tanto, no están ni aceptándonos ni rechazándonos. Si creemos que la gente nos rechaza, probablemente nos van a rechazar. Nuestra actitud: "Pobre de mí, nadie me quiere, siempre me rechazan", es lo que hace que la gente se aleje de nosotros.

No debemos desarrollar la actitud de que, si no tenemos la conducta correcta, nos van a rechazar. Tengo que admitir que el mundo muchas veces funciona de acuerdo con ese principio, pero Dios no, y tampoco debemos nosotros. Ninguno de nosotros que ha mirado honestamente a sí mismo, se atrevería a rehusar aceptar a alguien por no ser perfecto. Jesús enseñó que podemos exigir la perfección en otros como prerrequisito de una relación solamente cuando nuestra perfección se haya completado.

Estamos tan acostumbrados a que la gente en el mundo se preocupe tanto por nuestro rendimiento y por lo que hacemos, que traemos esta forma equivocada de pensar a nuestra relación con Dios en Jesucristo. Pensamos que Dios es como el mundo, pero no lo es. El temor a ser rechazado [o no ser aceptado] es uno de los impedimentos más grandes para ser nosotros mismos.

Cuando damos el paso en ser lo que podemos ser en Cristo, cometeremos errores —todos lo hacen. Pero esto nos alivia la presión cuando nos damos cuenta de que Dios sólo espera que hagamos lo mejor que podamos. No espera la perfección [totalmente sin fallas]. Si fuéramos tan perfectos como tratamos de ser, no necesitaríamos a un Salvador. Creo que Dios siempre dejará una cierta cantidad de defectos en nosotros, justamente para que sepamos cuánto necesitamos a Jesús cada día.

No soy una predicadora perfecta. A veces digo cosas equivocadas, a veces pienso que he escuchado algo de Dios, y era yo misma que me estaba hablando. Hay ocasiones cuando no alcanzo la perfección [¡como cien veces cada día!]. No tengo una fe perfecta, ni una actitud perfecta, ni pensamientos o maneras perfectas. Jesús sabía que esto nos iba a pasar a todos. Por eso Él se para en la "brecha" para nosotros (Ezequiel 22:30). Una brecha es un espacio entre dos cosas. Hay una brecha entre Dios y nosotros, producida por nuestras imperfecciones y nuestros pecados. Dios es perfecto y completamente santo. Él puede vivir en comunión solamente con los que son como Él. Por eso tenemos que acercarnos a Él a través de Cristo. Jesús es igual a Su Padre. Nos ha dicho: "Si me han visto a mí, han visto al Padre" (Juan 14:9 paráfrasis de la autora).

Jesús se para en la brecha entre la perfección de Dios y nuestra imperfección. Él *continuamente* intercede por nosotros, porque *continuamente* lo necesitamos (Hebreos 7:25). Jesús vino a nosotros tanto como el Hijo de Dios y el Hijo del Hombre. Él es el Mediador entre las dos partes —Dios y nosotros (1 Timoteo 2:5). A través de Él, nos ponemos de acuerdo con el Padre y tenemos comunión con Él. En Él somos aceptables para Dios.

## ACEPTADOS EN EL AMADO

*... Nos hizo aceptos en el Amado.*

Efesios 1:6

No tenemos que creer que Dios nos aceptará solamente cuando nos desempeñemos perfectamente. Podemos creer la verdad de que Él nos acepta "en el Amado".

Dios nos acepta porque creemos en Su Hijo Jesucristo. Si creemos las mentiras de Satanás, pasaremos nuestras vidas luchando, frustrados. Nuestras capacidades serán debilitadas, y nunca lograremos ser nosotros mismos.

Dios habló a mi corazón una vez y me dijo: "Haz lo mejor que puedas, y entonces entra en Mi descanso". Me sonaba muy bien, porque había intentado todo lo demás, y estaba totalmente exhausta. He encontrado que mis mejores días todavía incluyen algunas imperfecciones, pero es por eso que Jesús murió por ti y por mí.

## LA RUEDA DE DESEMPEÑO/ACEPTACIÓN ─────

> *Mas al que no obra [por la ley], sino cree [confía totalmente] en aquel que justifica al impío, su fe le es contada por justicia [aceptado por Dios]. Como también David habla de la bienaventuranza del hombre a quien Dios atribuye justicia sin obras.*
>
> Romanos 4:5-6

Si pasamos años en la rutina donde la aceptación depende del desempeño, es difícil salir de ella. Llega a ser un estilo de vida. Afecta nuestros pensamientos, percepciones, y decisiones.

La mayoría prefiere quedarse en la rutina en vez de salir de ella y enfrentar la posibilidad de fracaso. Otros se sienten tan mal acerca de sí mismos, debido a sus fracasos pasados, que ni siquiera intentan una nueva vida.

Cuando la gente es adicta a sentirse bien solamente cuando tienen un buen desempeño, tendrán una vida desdichada. Es un ciclo de intentar, fracasar, intentar más, fracasar de nuevo, sentirse culpable y rechazado, tratar de nuevo, fracasar, una y otra vez.

Dios no quiere que estemos en la rutina donde la aceptación depende del desempeño. Prefiere que nos sintamos bien con nosotros mismos, ya sea que tengamos un buen desempeño o no. No quiere que estemos llenos de orgullo, pero seguramente no nos creó para rechazarnos. Es aquí donde una revelación acerca de nuestro "ser" y nuestro "hacer" es tan valiosa. Debemos separar los dos, y mirar honestamente a ambos. Si el desempeño es malo, podemos lamentarlo y esperar hacerlo mejor la próxima vez. Podemos mejorar nuestro desempeño [nuestro "hacer"], pero nuestro valor [nuestro "ser"] no se puede determinar de acuerdo con nuestro desempeño.

Los que tienen problemas en esta área perciben mal las cosas. Si están esperando el rechazo cuando no logran un buen desempeño, reaccionan como si fueran ya rechazados —y eso confunde a los que se relacionan con ellos.

Un ejemplo: mi gerente general, que ha estado con nosotros muchos años, tuvo un problema en el área de desempeño/aceptación. Ella fue criada con la creencia de que recibía su aceptación y su amor por medio de la perfección.

Cuando primero empezó a trabajar para nosotros, nos fijamos que cada vez que preguntamos si tenía demasiado trabajo, reaccionaba en forma extraña. Parecía ponerse nerviosa, y empezaba a trabajar más y más hasta poder decir que todo estaba al día y que había terminado todo el trabajo. Esta conducta empezó a ser un problema grande para mí, porque sentía que ella se alejaba y realmente me rechazaba durante esos tiempos. Yo no la rechazaba por su imperfección, pero ella creía que la rechazaba; por lo tanto, no podía recibir mi amor, lo cual yo todavía quería darle libremente.

Recibimos a través del acto de creer; lo que creemos es lo que recibimos, y nada más. Si no creemos en la gracia, la misericordia y el favor de Dios, entonces no lo podemos recibir. Si creemos que tenemos que hacer todo perfectamente bien para ser aceptados por Dios, entonces rechazaremos Su amor, aunque Él no está rechazándonos. Esta forma equivocada de pensar nos mantiene atrapados. Es como estar en una rueda que gira tan rápidamente que no podemos encontrar dónde bajar.

Si estás atrapado en la rutina donde la aceptación depende del desempeño, pido que el ciclo sea quebrantado en tu vida, para que puedas ayudar a otros de la misma manera.

## NO PRESIONES A OTROS

*Porque atan cargas pesadas y difíciles de llevar, y las ponen sobre los hombros de los hombres; pero ellos ni con un dedo quieren moverlas.*

Mateo 23:4

Tú y yo nos presionamos cuando tenemos expectativas que no son realistas, cuando esperamos ser perfectos. Dios no quiere que vivamos con este tipo de presión.

También caemos en la trampa de presionar a otros. Podemos exigir de las personas más de lo que pueden dar. La presión constante sobre la gente con que nos relacionamos resultará finalmente en un colapso de esa relación.

*La gente en todas partes busca la aceptación.*

Como seres humanos, todos necesitamos espacio, o libertad, para ser quiénes somos. Queremos ser aceptados tal como somos. Eso no significa que no estemos conscientes de nuestra necesidad de cambiar, pero no queremos recibir el mensaje, aunque sea sutilmente, que debemos cambiar para ser aceptados.

Es más probable que cambiemos para los que están dispuestos a aceptarnos con nuestras fallas, y no para los que exigen cambios, e insistan que vivamos de acuerdo con sus reglas.

Hay algo seguro: Dios no cambiará a los que tratamos de cambiar. Él tiene una política de no obligar, cuando se trata de vidas humanas.

Recuerdo los años que pasé, tratando de cambiar a mi marido, Dave, y a todos nuestros niños, en maneras distintas. Fueron años de mucha frustración, porque intentara lo que fuera, no me resultaba. Un día, Dios me dijo: "O tú vas a hacer esto, o Yo, pero no lo vamos a hacer los dos. Esperaré hasta que termines. Cuando termines, avísame, y ¡Yo voy a empezar a trabajar hasta cumplir el trabajo!"

Mi familia sabía que no estaba satisfecha con ellos. Los amaba, pero no incondicionalmente. No estaba dispuesta a aceptar sus fallas. *¡Las iba a cambiar!*

Aun cuando escondemos nuestra desaprobación, la gente puede sentirla. Está en nuestro tono de voz y en nuestro lenguaje corporal, aun cuando no está en las palabras. Podemos tratar de controlar lo que decimos, pero lo que está en el corazón tarde o temprano sale de la boca. Nos descuidamos y decimos lo que estamos pensando.

Estaba presionando a mi familia, y el hecho de que no los estaba aceptando como eran, me estaba presionando a mí.

No estoy diciendo que debemos aceptar el pecado y la mala conducta en otras personas, y que simplemente lo soportemos. Lo que sí quiero decir en voz alta es que, de acuerdo con mi experiencia personal y la Palabra de Dios, *la forma de cambiar es orar, ¡y no presionar!* Si amamos a la gente y oramos por su pecado, Dios obrará.

La gente que nos irrita simplemente es así, y su personalidad no se lleva bien con la nuestra.

Mi hijo mayor David, por ejemplo, me hizo sentir constantemente que tenía que comprobar que lo amaba. Me desafiaba acerca de casi todo. No era que se negara a hacer lo que pedíamos, pero tenía que alegar. Él quería el control, y yo no estaba dispuesta a entregárselo. Él tenía opiniones fuertes, y no me gustaba. Se enojaba fácilmente y era impaciente, y tampoco me gustaba. No hacía más que entrar a la habitación donde estaba, y en unos pocos minutos, teníamos un conflicto. Aun cuando no era verbal, podíamos sentir la tensión en el aire.

Yo amaba a mi hijo, pero no me gustaba. Yo quería que cambiara, y estaba resuelta a hacerlo cambiar, quisiera él o no. Obviamente, nuestra relación estaba bajo constante presión. Cuando crecía, el conflicto se empeoraba, pero como era un hombre ya, y no un niño, no tenía otro recurso que aceptarlo tal como era o pedir que se fuera de la casa.

Una noche, en un servicio de la iglesia a mediados de semana, el Señor me reveló que guardaba rencor a mi hijo porque no lo consideraba suficientemente espiritual. Yo quería que él fuera, junto con todos mis hijos, "muy espiritual". También quería que "cumpliera con su rol" en la iglesia y cerca de mis amigos. Quería que pasara sus tardes leyendo la Biblia. Quería escucharlo orando en las mañanas.

Yo quería, quería, quería —y lo único que recibía era frustración y presión.

Dios me dijo que pidiera disculpa a David por los años de presión a los que lo había sometido, y por no aceptarlo tal como era. Me demoré un par de semanas en obedecer. Temía que si me humillaba y hacía lo que Dios me pedía, mi hijo se aprovecharía de la situación.

Finalmente, hice lo que Dios me había mandado. Le dije a mi hijo lo que Dios me había mostrado, y pedí perdón. Con mi esposo, Dave, le dijimos a David que, ya que tenía dieciocho años, teníamos que establecer unas nuevas pautas para la casa. Aprovechamos la oportunidad de hacerlo. Le dijimos que queríamos que fuera a la iglesia una vez a la semana, que no podía traer a señoritas jóvenes a la casa cuando no estábamos, y que no tocara música rock fuerte. Fuera de eso, estábamos dispuestos a ser tolerantes, y dejar de tratar de cambiarlo. Le dijimos que lo aceptábamos tal como era.

Cuando Dave y yo explicamos todo esto a nuestro hijo, él empezó a llorar.

"No tienen idea cuánto he necesitado escuchar que me aman y me aceptan tal como soy", dijo. Siguió: "Deseo con todo mi corazón sentir lo mismo que tú y papá acerca de Dios, pero no es así, y no puedo forzarme a sentirme diferente. Estoy haciendo lo mejor que puedo ahora, pero espero cambiar".

Requirió mucha gracia, especialmente de parte mía, pero logramos aliviar esa presión. Dejamos de controlar, y pusimos nuestra confianza en Dios para hacer lo que era necesario. Durante unos seis meses, no vimos ningún cambio en David. Entonces, *de repente*, una noche de Año Nuevo, fuimos a la iglesia, ¡y Dios lo tocó! Cuando llegó a casa, avisó que iba a estudiar en una universidad cristiana, y que iba a servir a Dios completamente, aunque significara perder a todos sus amigos.

Ahora David es uno de nuestros directores en *Vida en la Palabra*. Dirige el programa de misiones mundiales, y el departamento de medios de comunicación. También es uno de nuestros mejores amigos. Disfrutamos el compañerismo con él.

Cuando presionaba a David, tenía un efecto "bumerán", y resultaba en presión sobre mí. No logró buenos resultados, sino que hizo daño —a nuestra relación y a su nivel de seguridad—. Fue después de muchos años que me di cuenta de por qué su personalidad había sido tan difícil para mí —¡es porque él es igual que yo!

La personalidad de mi esposo me irritaba también. Dave es muy relajado [normalmente]. Él ama la paz, y hará lo que sea para preservarla. Su filosofía de vida viene directamente de la Biblia —¡echando toda vuestra ansiedad sobre Él! (1 Pedro 5:7) Esa es su respuesta para la mayoría de los casos. Como resultado, la vida es bastante fácil para él.

Yo, en cambio, no fui relajada para nada. Tenía opiniones y deseos muy definidos. Cuando las cosas no me resultaban como yo quería, reclamaba mucho. Tenía mucha ansiedad, y no la echaba sobre Él.

El temperamento de Dave, aunque fue una gran bendición para mí, también me frustraba a veces. Quería que fuera más agresivo en la vida. Un día me hizo cambiar de opinión cuando me dijo: "Joyce, debes estar feliz de que yo soy como soy, porque de otra manera, tú no estarías haciendo lo que haces". Hablaba del hecho de que estaba en el ministerio tiempo completo. El hecho de que Dios hizo a Dave como es le hizo más fácil darme la libertad para ser yo misma. No solamente lo ha permitido —me ha ayudado.

Muchas veces las cosas que más necesitamos en otras personas están disponibles para nuestro beneficio, si solamente podemos dejar de juzgarlas y tratar de cambiarlas. Yo necesitaba a un hombre tranquilo en mi vida. Todos los otros hombres que había conocido eran todo lo contrario. Había orado durante años por un hombre como Dave, y cuando lo tenía, lo puse en el torno de alfarero y trataba de remoldearlo. Causaba presión en nuestra relación. Dave era tranquilo, pero aun él se cansó de eso. Estaba empezando a perder su cariño por mí —incluso, me dijo eso, y me dio miedo. Me alegro que me haya dado miedo, porque me hizo dejar de presionarlo y empecé a confiar en Dios para los cambios necesarios.

Dave siempre ha amado los deportes, y eso fue una de las cosas que yo quería cambiar. No me gustaban, así que en mi egoísmo, quería que a él tampoco le gustaran. Yo quería tener toda su atención. Quería que él hiciera lo que a mí me gustaba hacer.

Yo, yo, yo —eso es nuestro mayor problema.

Me acuerdo de muchas tardes de domingo que pasé enojada, mientras Dave miraba un partido de fútbol, béisbol, hockey, golf, o algún otro deporte. Mi actitud no le impedía verlos, él no se dejaba llevar por mí, mientras miraba, y eso me daba más rabia todavía. Finalmente me hizo bien. Empecé a desear la estabilidad y la paz que veía en su vida.

En el transcurso de los años, aprendí que podía encontrar otras cosas que hacer durante esos partidos. Dave hacía la mayor parte del tiempo cosas que sí me gustaban. No era realista de mi parte esperar que él dejara de lado cualquier cosa que no me gustara a mí.

He cambiado mucho. Ahora, al escribir este libro, estoy mirando a Dave, quien está sentado al otro extremo de la sala donde estoy trabajando en la computadora. Está mirando un juego de golf, y durante los comerciales, está mirando un partido de fútbol. Él no ha cambiado mucho en esa área, pero yo sí. Ya no hay presión, y el matrimonio está mejor.

A veces queremos que otros cambien, cuando en realidad somos nosotros los que debemos cambiar.

Nuestra hija mayor, Laura, era desordenada. No le gustaba la escuela, y estaba contenta con notas mediocres o bajas. Su cuarto siempre estaba desordenado, y yo estaba constantemente diciéndole [en realidad, gritándole] que lo limpiara. La presionaba tanto que, cuando se casó, no me llamó por seis meses. Eso me dolió mucho, pero ahora entiendo cosas que no había entendido.

*No podemos cambiar a la gente con presión o regaños.*

Para que un cambio sea permanente, debe venir desde adentro hacia afuera. Sólo Dios puede realizar ese tipo de cambio en el corazón.

Gracias a Dios, Laura y yo tenemos una relación restaurada. Después de seis meses, me dijo que había tenido razón acerca de muchas cosas. A esa altura, yo también estaba dispuesta a admitir que había estado equivocada acerca de muchas cosas. Hoy ella trabaja con nosotros, como todos nuestros hijos, y somos muy buenas amigas.

Ella ha cambiado, y yo he cambiado, pero ninguna cambió a la otra. ¡El Señor hizo todo!

Mi hija menor, Sandra, no fue tan difícil como los otros dos hijos. Su personalidad hizo que ella quisiera hacer todo perfecto, y cuánto más perfecta, más me gustaba. Ella se presionaba tanto sola que no necesitaba presión de nadie más. Tenía muchas expectativas irreales que le causaron problemas de la espalda relacionados con el estrés, y también problemas de colon. Nunca estaba satisfecha consigo misma. No le gustaba su pelo, su piel, su apariencia, o su figura. No le gustaban sus dones o sus talentos. Pensaba que era lenta y tonta. ¡Ella ha cambiado! Parece que todos cambiamos si seguimos firmes con el Señor.

Sandra ahora está encargada del ministerio de ayuda para nuestras conferencias. Es una gran responsabilidad, y ella lo hace extraordinariamente bien. También me ayuda con algunas cosas desde el púlpito [la ofrenda, los avisos, las exhortaciones, y otras cosas]. Tiene un llamado genuino a un ministerio de ayuda para los necesitados. Ayuda a sus hermanos cuidando a los niños. Ayuda a mi tía que es viuda, pasando tiempo con ella, y llevándola a distintos lugares.

El diablo había convencido a Sandra temprano en su vida, que no tenía dones o talentos. Ella lo creyó, y mientras estaba convencida, se sentía desdichada y sin valor. Satanás es muy mentiroso, y mientras creemos sus mentiras, no nos sentiremos realizados, y no seremos nosotros mismos.

Sandra era, y es, una persona preciosa que se rechazaba un tiempo, pero a través de la Palabra de Dios, encontró la verdad que le ha liberado. Su personalidad perfeccionista la llevó también a presionar a otros. Tenía expectativas poco realistas acerca de los demás, tal como las había tenido para sí misma.

Cada vez que esperamos que otra persona nos haga felices todo el tiempo, estamos pidiendo ser decepcionados.

Cuando Sandra se casó, fue con un hombre muy similar a Dave —tranquilo, amante de la paz. Es fácil llevarse bien con él, pero no le gusta que le regañen. Llegó a un punto donde le dijo a Sandra que no lo tratara como si fuera su madre. Le dolió mucho, y estaba molesta, pero después de unos días, se dio cuenta de que tenía razón. Ahora no le presiona más, y como resultado, ella misma siente menos presión.

Nuestro hijo Daniel escapó de mis "días de fuego". Cuando llegó, estaba más madura en el Señor. Había aprendido las lecciones acerca de aceptar a la gente tal como es, dejando que el Señor hiciera los cambios necesarios.

La personalidad de Daniel es bastante similar a la de Laura, pero él y yo hemos tenido muy poco conflicto estos años. Yo lo acepto tal como es, no por lo que hace. Lo corrijo cuando lo necesita, pero no lo rechazo cuando no me ha obedecido.

Como Laura, a Daniel no le gustó la escuela, y durante los doce años costó mucho esfuerzo que terminara - pero lo logró. Se graduó, y es miembro de la sociedad ahora. Trabaja en el ministerio del departamento de televisión, y tiene el deseo de trabajar con los jóvenes. Estoy contenta que por fin aprendí a ser apacible.

*La paz es mucho mejor que la presión.*

Quizás debes dejar de presionar algunas personas en tu vida. Piénsalo. Si Dios te muestra situaciones en que te falta un equilibrio en esta área, te animo a hacer los cambios necesarios.

Tú y yo cosechamos lo que sembramos, tal como todos los demás. Si sembramos libertad en la vida de otros, cosecharemos libertad. Si dejamos de presionar a otros, encontraremos que los demás dejan de presionarnos también.

## EXPECTATIVAS POCO REALISTAS

*...y no tenía necesidad de que nadie le diese testimonio del hombre, pues él sabía lo que había en el hombre [Él no necesitaba evidencia acerca de los hombres, porque sabía lo que estaba en su corazón].*

Juan 2:25

Ya hemos hablado acerca de las expectativas poco realistas, pero quiero profundizar más en el tema. Me parece que nuestras expectativas nos conducen a la decepción con las personas y con las circunstancias.

¿Estoy diciendo, entonces, que no debemos esperar nada? ¡Por supuesto que no! Debemos esperar lo mejor de la gente, pero a la misma vez, debemos recordar que son seres humanos.

Cuando los discípulos decepcionaban a Jesús, Él no se desanimó demasiado, porque Él ya conocía y entendía la naturaleza humana. Jesús esperaba lo mejor de los discípulos, pero sabía que aun lo mejor de ellos no sería perfecto.

Me he dado cuenta de que siempre estamos buscando el matrimonio perfecto, el amigo perfecto, el trabajo perfecto, el barrio perfecto, la iglesia perfecta, pero la verdad es que *¡no existen!* Mientras estamos en nuestros cuerpos humanos, manifestaremos la imperfección. El Señor sabía esto, porque nos dejó con muchas instrucciones en Su Palabra acerca de cómo tratar a la gente que nos irrita o nos decepciona.

Por ejemplo, en Gálatas 6:2, leemos: *Sobrellevad los unos las cargas de los otros, y cumplid así la ley de Cristo.*

En Juan 13:24, Jesús dijo: *Un mandamiento nuevo os doy: Que os améis unos a otros; como yo os he amado, que también os améis unos a otros.* La ley de Cristo es la ley del amor. Si nos amamos los unos a los otros, tal como Él nos amaba, entonces debemos amar sin condiciones y presiones.

En 1 Pedro 2:19-21, Pedro nos dice que debemos amar a las personas difíciles, y sigue diciendo que hemos sido llamados a esto como estilo de vida.

Otro pasaje que enseña cómo tratar a los que nos dañan, o irritan, es Romanos 12:16, en que Pablo escribe: *Unánimes entre vosotros; no altivos [creídos, arrogantes, exclusivos], sino asociándoos con los humildes. No seáis sabios en vuestra propia opinión.*

Finalmente, 1 Pedro 3:9 dice: *...no devolviendo mal por mal, ni maldición por maldición [insultos, retos], sino por el contrario, bendiciendo [orando por su bienestar, felicidad, y protección, realmente amándolos], sabiendo que fuisteis llamados para que heredaseis bendición.*

No hay ningún pasaje en la Palabra de Dios que nos indique que debemos rechazar a la gente. En vez de eso, debemos amar, comprender, mostrar misericordia y compasión.

Confieso que es más fácil hablar acerca de cómo tratar a la gente difícil que realmente hacerlo, pero si el Señor nos ha dicho que debemos hacerlo, entonces podremos hacerlo.

Las expectativas poco realistas nos afectan en muchas áreas. Primero, esperamos demasiado de nosotros mismos. Esperamos hacer lo que otros hacen. Pero si no tenemos dones en alguna área, no podemos sobresalir en ella. Cuando hacemos las cosas mal, nos sentimos mal con nosotros mismos. Eso da comienzo a un ciclo sin fin, tratando de alcanzar donde no podemos llegar, esperando probar algo que no tenemos que probar.

Soy libre para ser yo misma, y tú eres libre para ser tú mismo. Sólo tenemos que obedecer personalmente al Señor. No tenemos que probar nada para nosotros mismos, ni para nadie más. Si obedecemos al Señor, Él se encargará de nuestra reputación. Cuando esperamos lograr algo bueno en áreas fuera de nuestro llamado y de nuestros dones, estamos buscando una decepción grande.

Las expectativas poco realistas también afectan nuestras relaciones con otra gente. Como ya hemos mencionado, la gente es como es, y todos tienen áreas fuertes y áreas débiles. Para relacionarnos con la gente, tenemos que aceptar las dos cosas. Pedir que otros sean responsables por nuestra felicidad personal es cometer un gran error.

Como lo dijo Abraham Lincoln, la mayoría de las personas están felices en la misma medida que han decidido estarlo. Si deciden no estar felices, no podemos hacerlas felices, hagamos lo que hagamos.

Durante los años cuando tenía expectativas poco realistas acerca de Dave y de mis hijos, yo frustraba a todo el mundo con mis exigencias poco razonables. Dave, siendo un amante de la paz, trataba de hacerme feliz, haciendo lo que yo quería, pero yo nunca podía estar permanentemente feliz. Finalmente, un día me dijo: "Joyce, me he dado cuenta de que, haga lo que haga, no te puedo hacer feliz; por eso, ya no voy a intentarlo".

*Yo no era feliz, porque no miraba la vida en forma realista.*

A veces queremos creer que la fe remueve la realidad, que pase lo que pase en nuestras vidas, podemos cambiarlo con nuestra fe en Dios. Muchas cosas pueden ser cambiadas por el poder de Dios y Su Palabra, pero hay algunos asuntos en la vida que tenemos que enfrentar nosotros mismos, y uno de esos asuntos es el tema que estoy tocando ahora.

Las personas no son perfectas, y cuando esperamos que sean perfectas, es frustrante para todos los involucrados. Tenemos que aprender a ser generosos con misericordia y sembrar semillas de misericordia para cosechar lo mismo cuando lo necesitemos.

Las expectativas poco realistas acerca de nuestras circunstancias también pueden ser un instrumento que utiliza Satanás para desanimarnos y desesperarnos. En Juan 16:33, Jesús dijo: *...En el mundo tendréis aflicción; pero confiad, yo he vencido al mundo.* ¿Qué quiso decir? "Más vale que se animen, porque mientras estén en el mundo, tendrán aflicciones. No se preocupen, porque yo tengo todo bajo control".

Nos gusta planificar nuestra vida, y que todo resulte como planificamos, pero rara vez sucede así. No es negativo —es la verdad. Como creyentes, se nos ha dado el poder del Espíritu Santo para ayudarnos a hacer las cosas difíciles, pero no para hacerlo todo tan fácil que no necesitemos usar nuestra fe.

Insisto en que debes esperar que te sucedan cosas buenas en la vida. Ciertamente no te voy a decir que debes contar con cosas malas. Pero también insisto que debes ser realista y darte cuenta de que todos tenemos que enfrentar cosas desagradables y a personas que son difíciles. Nuestra actitud en estas situaciones es lo que determina si vamos a disfrutar de la vida o no.

Te animo a fijar tu mente en esto, y a mantenerte firme. Decide que no te van a derrotar de nuevo con circunstancias que no están de acuerdo con tus deseos. Mantén la calma en las pruebas, y confía en el Señor. Lo que Satanás quiere usar para dañarte, Dios encaminará para tu bien, mientras confías en Él. Ora acerca de esto, y pide la ayuda del Espíritu Santo. Mientras vives con la decepción de expectativas poco realistas, nunca lograrás ser tú mismo.

# 8

&

*Recibiendo gracia, favor, y misericordia*

## 8
## RECIBIENDO GRACIA, FAVOR, Y MISERICORDIA

Hay algunas palabras en la Biblia que llamo "palabras poderosas". Si entendemos estas palabras correctamente, pueden ayudarnos mucho en lograr ser nosotros mismos. Tal como nunca seremos nosotros mismos hasta comprender el amor incondicional de Dios y recibirlo, tampoco lo seremos hasta recibir Su gracia, Su favor, y Su misericordia.

**Acerquémonos, pues, confiadamente al trono de la gracia [el trono de su favor no merecido hacia pecadores], para alcanzar misericordia [por causa de nuestras fallas] y hallar gracia para el oportuno socorro [ayuda apropiada en el momento preciso].**

**HEBREOS 4:16**

Primero, examinemos la poderosa palabra *recibir*.

Mencioné que tenemos que recibir la gracia, el favor, y la misericordia, pero muchas personas no saben recibir nada. Estamos acostumbrados a ganar o pagar por todo en nuestra sociedad. Luchamos para ganar, pero Dios desea que recibamos gratuitamente.

Aun en nuestras conversaciones entre nosotros, decimos cosas como: "¿*Obtuviste* la salvación? ¿*Tienes* al Espíritu Santo? ¿*Lograste* una solución? ¿Te *liberaste* del problema?" Estas preguntas están mal planteadas, y son indicaciones de nuestra mentalidad.

Una y otra vez, la Biblia habla de recibir la gracia de Dios. Él siempre está derramando sus bendiciones, y debemos aceptar todo lo que nos ofrece, como vasos vacíos y sedientos. Considera estos pasajes:

*Mas a todos los que le recibieron, a los que creen en su nombre [confían en Él, descansan en Él], les dio potestad [el derecho, el privilegio] de ser hechos hijos de Dios.*

Juan 1:12

*Porque de su plenitud [abundancia] tomamos todos [recibimos una porción], y gracia sobre gracia [amontonada].*

Juan 1:16

*Pero recibiréis poder [capacidad, eficacia, fuerza], cuando haya venido sobre vosotros el Espíritu Santo, y me seréis testigos en Jerusalén, en toda Judea, en Samaria, y hasta lo último de la tierra [los últimos límites].*

Hechos 1:8

*Entonces [los apóstoles] les imponían las manos, y recibían el Espíritu Santo.*

Hechos 8:17

*De éste dan testimonio todos los profetas, que todos los que en él creyeren [confiando, descansando en Él, entregándose a Él], recibirán perdón de pecados por su nombre.*

Hechos 10:43

*...os exhortamos también a que no recibáis en vano la gracia de Dios.*

2 Corintios 6:1

*Esto sólo quiero saber de vosotros: ¿Recibisteis el Espíritu [Santo] por las obras de la ley, o por el oír con fe [escuchar el evangelio y creerlo]?*

Gálatas 3:2

*Por tanto, de la manera que habéis recibido
al Señor Jesucristo, andad en él [vivan sus vidas
conforme a Él].*

Gálatas 2:6

*...para alcanzar misericordia y hallar gracia para
el oportuno socorro.*

Hebreos 4:16

*Por lo cual, desechando toda inmundicia y
abundancia de malicia, recibid con mansedumbre
[humildad] la palabra implantada [en sus
corazones], la cual puede salvar vuestras almas.*

Santiago 1:21

Estos pasajes, y otros similares, destacan el principio de que recibimos la gracia, no la conseguimos. Mis estudios durante estos años han producido estas definiciones de las palabras *conseguir* y *recibir*: Conseguir significa obtener con lucha y esfuerzo, mientras recibir significa ser receptáculo y tomar lo que ha sido ofrecido.

Esta distinción entre conseguir y recibir nos ayuda a entender por qué tantos cristianos luchan en su caminar con el Señor. Están tratando de conseguir todo lo que necesitan de Él, cuando deberían simplemente pedir y recibir.

## PEDIR Y RECIBIR

*Pedid, y recibiréis, para que vuestro gozo
sea cumplido.*

Juan 16:24

Este es uno de mis versículos favoritos acerca de recibir. Suena tan simple, y realmente debe ser así.

Jesús vino a liberarnos de la lucha, no a invitarnos a una nueva manera de luchar bajo la bandera cristiana. Cuando aprendamos a pedir y a recibir, nuestro gozo será completo. Una vez que hayamos recibido, podemos dar libremente.

## DAD DE GRACIA, RECIBID DE GRACIA

*De gracia recibisteis, dad de gracia.*

Mateo 10:8

Hoy en día encontramos a pocas personas que son capaces de dar por gracia. Este texto posiblemente nos ayude a entender por qué. Si nunca aprendemos a recibir de Jesús por gracia, nunca aprenderemos a dar a otros por gracia.

Satanás ha tenido éxito en decepcionarnos, haciéndonos creer que tenemos que ganar y pagar por todo. Nos ha convencido de que debemos luchar y esforzarnos para conseguir lo que queremos de Dios. Pero Jesús dijo: *Venid a mí todos los que estáis trabajados y cargados, y yo os haré descansar* (Mateo 11:28).

"Venid a mí" es una invitación que me hace sentir cómoda. No está llena de lucha y esfuerzo.

Debemos aprender más acerca de recibir, y darnos cuenta de que, según la Palabra de Dios, todas sus bendiciones vienen por la gracia, por medio de la fe.

## POR GRACIA, POR MEDIO DE LA FE

*Porque por gracia [favor no merecido] sois salvos [liberados del juicio y hechos partícipes de la salvación en Cristo] por medio de la fe [su fe]; y esto [esta salvación] no de vosotros [no la lograron ustedes por esfuerzo], pues es don de*

*Dios; no por obras [por el cumplimiento de la
exigencias de la ley], para que nadie se gloríe [ya
que no es resultado del esfuerzo propio, nadie
puede jactarse].*

Efesios 2:8-9

Somos salvos por la gracia por medio de la fe, y debemos aprender a vivir nuestras vidas diarias de la misma manera. La gracia es algo que no se puede ganar, sino que solamente se recibe como regalo.

La gracia es el poder de Dios para ayudarnos en áreas donde no podemos ayudarnos a nosotros mismos. En Juan 15:5, Jesús nos dice, *sin mí, nada podéis hacer.* Por lo tanto, necesitamos ayuda en cada área de nuestra vida. Si vamos a vivir una vida victoriosa, debemos darnos cuenta de nuestra debilidad, y dejar de lado nuestras actitudes independientes.

En Gálatas 2:21, el apóstol Pablo dijo que, si no recibía la gracia de Dios, eso significaría mirar en menos Su regalo, frustrar su propósito, y hacerlo inválido. La gracia siempre fluye en cada situación, pero debe ser recibida con fe. En el versículo 20, Pablo también dice que ya no era él que vivía, sino que la vida que vivía, la vivía por fe en el Hijo de Dios.

Descubrí hace muchos años que, cada vez que me frustraba, era porque trataba de hacer algo por mí misma, en mi propia fuerza, en vez de poner mi fe en Dios y recibir Su gracia [ayuda]. Estaba frustrada y luchando con algo casi siempre en mis primeros años con el Señor. Recibir el mensaje de la gracia fue un cambio significativo para mí. Siempre estaba tratando de hacer algo, dejando a Dios fuera del asunto. Traté de cambiarme a mí misma, traté de cambiar a mi esposo y a mis hijos. Traté de sanarme, traté de prosperar, traté de hacer crecer mi ministerio, y traté de cambiar cada circunstancia de mi vida que no me gustaba. Estaba tensa, porque ninguno de mis esfuerzos producía buenos resultados.

Dios no nos permite tener éxito sin Él. Si lo hiciera, tomaríamos el crédito que sólo Él merece. Si pudiéramos cambiar a las personas, estaríamos cambiándolas para lograr nuestros propósitos, lo cual quitaría su libertad para tomar sus propias decisiones.

Finalmente aprendí a orar por los cambios que hacían falta, y a dejar que Dios hiciera las cosas a Su manera, en Su tiempo. Cuando empecé a confiar en Su gracia, entré en Su descanso.

## GRACIA Y PAZ A VOSOTROS

*Gracia y paz a vosotros, de Dios nuestro Padre y del Señor Jesucristo.*

1 Corintios 1:3

En muchas de las epístolas, encontramos el saludo en los primeros versículos, "gracia y paz a vosotros". No podemos disfrutar de esa paz, si no entendemos la gracia.

Muchos creyentes están frustrados en su experiencia cristiana porque no entienden cómo recibir la gracia, el favor, y la misericordia gratuitamente. Siempre están esforzándose en algo, tratando de ganar lo que Dios da solamente por gracia por medio de la fe.

Primera de Pedro 5:5 nos enseña que Él da la gracia a los humildes. Los humildes son los que reconocen sus debilidades y su incapacidad total para tener éxito sin la ayuda de Dios. Los arrogantes siempre están tratando de recibir algo de crédito. Les gustaría pensar que ha sido su capacidad que logra algo. Los arrogantes tienen dificultad en pedir, y aun más dificultad en recibir algo.

## CRECER EN LA GRACIA

*Antes bien, creced en la gracia y el conocimiento de nuestro Señor y Salvador Jesucristo [el Mesías].*

*A él sea gloria [honor, majestad, esplendor] ahora
y hasta el día de la eternidad. Amén [¡que así sea!].*

2 Pedro 3:18

Una vez que comprendamos la gracia, tenemos que crecer en ella, aprendiendo a recibir en cada situación. Confiar en Dios totalmente requiere crecimiento. Cuanto más confiamos en el Señor, cuanto más fuerte somos espiritualmente. Cuanto más confiamos en nosotros mismos, o en otras personas, más débiles somos espiritualmente.

Tuve que practicar la confianza en Dios para finanzas. En un momento en el ministerio, muy al principio, Dios me pidió que confiara en Él para la provisión económica de mi familia, sin trabajar fuera de la casa. Sabía que necesitaba tiempo para prepararme para el ministerio. Él me había llamado. Trabajar tiempo completo, siendo esposa y madre de tres niños pequeños, no me dejaba mucho tiempo para prepararme para enseñar la Biblia internacionalmente. Como un acto de fe, y con el acuerdo de mi marido, dejé mi trabajo y empecé a confiar en Dios para nuestra provisión. Dave tenía un buen trabajo, pero su sueldo era cuarenta dólares menos de lo que necesitábamos para pagar las cuentas. Esto significaba que necesitábamos un milagro de Dios cada mes para cubrir los gastos regulares, sin pensar en cosas adicionales.

Recuerdo la lucha que tuve con no volver al trabajo. Cada mes, Dios proveía, y era emocionante ver Su fidelidad. Pero yo estaba acostumbrada a cuidarme sola —y esto de "caminar por fe" estaba crucificando la carne. Era difícil seguir practicando la fe, pero eventualmente aprendí a caminar por fe en esta área. Establecer esta base firme en el principio de mi ministerio nos ha ayudado muchas veces a no caer en el pánico cuando nos falta dinero para el ministerio.

Tenía que practicar la confianza en Dios también en la sumisión a la autoridad. Me habían hecho daño las autoridades en mi vida, especialmente algunos hombres.

Esas experiencias me habían dejado resuelta a hacer las cosas a mi manera, y a no confiar en otras personas. Por supuesto, la Palabra de Dios dice que las esposas deberían someterse a sus maridos (Efesios 5:22, Colosenses 3:18), y yo lo encontré difícil. Como la mayoría de los matrimonios, Dave y yo tenemos personalidades muy distintas, y no estaba de acuerdo con muchas de sus opiniones y decisiones. No obstante, nada de esto cambió la Palabra de Dios, así que tuve que aprender a someterme, quisiera o no. Una vez más, ejercer la fe en estas áreas crucificó mi carne.

Recuerdo muy bien cuando le dije al Señor en una situación particularmente difícil: "¿Cómo puedes pedirme que confíe en la gente después de todas las cosas que me han pasado?"

Me contestó en el corazón: "No estoy pidiendo que confíes en la gente, Joyce, sino que confíes en Mí".

Él quería que confiara en Él para traer justicia a mi vida en cada situación, y darme cuenta de que, si no conseguía lo que quería, entonces quizás estaba equivocada, o quizás Él tenía otro plan mejor, u otro tiempo mejor. Finalmente, al practicar una y otra vez en esta área, logré la victoria.

Podemos aprender a confiar en Dios solamente al hacerlo. Crecemos en la gracia, practicando el poner nuestra fe en Dios y recibiendo su gracia en situaciones que son difíciles o imposibles para nosotros. A veces ponemos nuestra fe en Dios, y Él nos da la salida. Otras veces confiamos en Él, y nos da la gracia para pasar por la prueba. Debemos dejar esa decisión a Él, sabiendo que de cualquier modo podemos tener la victoria, pero solamente por gracia por medio de la fe.

Si estás luchando con algo ahora mismo, pregúntate honestamente si estás confiando en Dios, confiando que Su gracia basta. Recuerda, la gracia es favor no merecido para pecadores. Es el poder de Dios que viene a nuestras situaciones para lograr por nosotros lo que no podemos lograr por nosotros mismos.

## REGALOS DE GRACIA

*Digo, pues, por la gracia [favor no merecido] que
me es dada, a cada cual que está entre vosotros,
que no tenga más alto concepto de sí que el que
debe tener [sin exagerar su propia importancia],
sino que piense de sí con cordura, conforme a la
medida de fe que Dios repartió a cada uno.*

Romanos 12:3

Anteriormente en el libro, hablamos de la diversidad de
dones que Dios ha dado a la gente. Estos dones [habilidades y
talentos] nos vienen por Su gracia, y no por nuestro mérito.

En 1 Corintios 15:10, el apóstol Pablo escribió: *Pero por
la gracia [favor y bendición no merecida] de Dios soy lo que
soy...* Si no nos damos cuenta de que somos lo que somos
por la gracia de Dios, tendremos un concepto de nosotros
mismos más elevado de lo que deberíamos.

Las personas orgullosas se comparan a sí mismas con
los demás para sentirse superiores, cuando son capaces de
hacer algo que los demás no pueden. Como cristianos, debemos juzgarnos con sobriedad, sabiendo que sin Dios no
podemos hacer nada de valor y que sea lo que sea que logremos es sólo por Su gracia. Él nos da un poco de Su propia fe para que llevemos a cabo lo que nos ha asignado en
la vida. Él nos da habilidades por Su gracia y favor, y no
porque lo merezcamos.

Cuando Dios me reveló Su llamado en mi vida, yo era
un lío. Había nacido de nuevo, pero era muy carnal. Tenía
conflictos emocionales debido al abuso que había sufrido en
el pasado. Me era difícil mantener relaciones saludables, no
caminaba según el fruto del Espíritu y era muy egoísta y centrada en mí misma, manipuladora y controladora, entre muchas otras cosas. No existía una razón visible por la que
Dios me hubiese elegido para enseñar Su Palabra, y para
que condujera un ministerio internacional. ¡Él me llamó

139

por Su gracia! Todavía me impresiona Su bondad en mi vida, y estoy muy agradecida.

No podemos estar verdaderamente agradecidos e impresionados si no reconocemos que Dios nos ha llamado debido a Su bondad y no a la nuestra.

La gracia de Dios es multifacética, como lo vemos en 1 Pedro 4:10: *Cada uno según el don [un talento espiritual específico, una dote de la gracia divina] que ha recibido, minístrelo a los otros, como buenos administradores de la multiforme gracia de Dios [administradores fieles de la tremenda diversidad de poderes y dones dados a los cristianos como un favor no merecido].*

La gracia de Dios se manifiesta en cada uno de nosotros de diferente manera. Por ejemplo, yo soy muy disciplinada en muchas áreas; y creo que necesito el don de la disciplina para llevar a cabo el llamado de Dios para mi vida. Tengo que ser disciplinada para trabajar cuando otros están disfrutando de su diversión. A través de los años he tenido que disciplinarme para estudiar durante miles de horas con el propósito de enseñar la Biblia con precisión. Estoy muy consciente de que necesito disciplinar mi conducta y emociones en todo momento, debido a mi amor por el Señor y a la posición con la que Él me ha privilegiado.

A Moisés no se le permitió llevar a los israelitas a la Tierra Prometida debido a su desenfrenada emoción de ira (Números 20:12; Salmo 106:32,33). En Santiago 3:1,2 la Biblia dice que los maestros son juzgados con un criterio más alto y con más severidad que a las otras personas: *Hermanos míos, no os hagáis maestros [censuradores autodesignados y reprobadores de los demás] muchos de vosotros, sabiendo que recibiremos mayor condenación [esto es, que sabemos que tendremos que rendir cuentas en mayor medida que los demás y estamos sujetos a más condenación]. Porque todos ofendemos muchas veces. Si alguno no ofende en palabras [que nunca dice algo equivocado], éste es varón perfecto, capaz también de refrenar todo el cuerpo.*

Tengo una convicción muy fuerte de que debo "caminar el camino" y no solamente "hablar la charla". Como líder, tengo que ser un ejemplo que otras personas puedan seguir. Soy humana como todos los demás, y esa naturaleza no siempre quiere cooperar conmigo; por lo tanto, tengo que disciplinarme. No siempre es fácil, pero la disciplina en mi caso quizás se logra más fácilmente que en personas con otra personalidad y que son llamadas a algo diferente.

La gracia se manifiesta a sí misma en diferentes maneras en personas diferentes, pero sea lo que sea que hagamos bien o tengamos éxito en eso, es sólo debido a la gracia de Dios.

Ninguno de nosotros tiene dones en todas las áreas, e incluso en esas áreas para las que tenemos dones raramente las desarrollaremos en forma perfecta.

Por ejemplo, creo que he sido dotada con una voluntad fuerte, pero hay momentos en que esa fuerza se vuelve mi peor enemigo. Es bueno cuando tengo que seguir adelante con algo difícil, pero no es tan bueno cuando simplemente quiero imponer mi voluntad, y mi fuerte voluntad insiste en algo que Dios no está dando. Lo mismo es verdad con mi boca. Mi boca es el don más grande que tengo; es la parte de mí que Dios usa todo el tiempo. Y aún así, a través de los años ha sido también mi gran debilidad, por la que tengo que orar continuamente.

Estas cosas nos mantienen dependiendo de Dios y no de nosotros mismos. Para lograr tener éxito para ser quienes somos, debemos entender cómo se recibe la gracia, el favor, y la misericordia. No podemos recibir algo si ni siquiera entendemos de qué se trata. Es de vital importancia recordar que la gracia es un favor que Dios nos da y que no merecemos y que sólo se recibe por fe. Eso hace que seamos agradecidos y que vivamos con una "actitud de gratitud".

## CREE EN EL FAVOR DE DIOS

> *Mas el Señor estaba con José y le extendió su misericordia, y le concedió gracia ante los ojos del jefe de la cárcel.*
>
> Génesis 39:21 (B.d.l.A)

141

En la Biblia se habla de muchas personas que recibieron favor. Ya que Dios no hace acepción de personas (Hechos 10:34), podemos creer en su favor y recibirlo en nuestra vida diaria.

En Génesis 39 leemos que José fue acusado y encarcelado injustamente. Pero el Señor estuvo con él y le mostró misericordia y gracia. Él le concedió favor ante los ojos del carcelero, el cual puso a José como encargado de todo. De hecho, el carcelero tenía una actitud tan favorable hacia José que realmente no prestaba atención a lo que él hacía, y el Señor hizo que los esfuerzos de José prosperaran, incluso en esa situación tan desfavorable.

Ese favor también está disponible para nosotros, pero tal como muchas otras cosas buenas en la vida, el hecho de estar disponible no significa que tendremos una parte de él. El Señor pone muchas cosas a nuestra disposición que nunca recibimos o disfrutamos porque nunca activamos nuestra fe en esas áreas.

Necesité mucho favor para llegar donde me encuentro hoy en mi ministerio. Creo que he logrado llegar a ser lo que Dios quería de mí originalmente, pero nunca habría sucedido sin favor. Por ejemplo, cuando empezamos nuestro ministerio en la televisión en 1993 prácticamente nadie sabía que Joyce Meyer existía. Supe que necesitaríamos mucho favor de Dios si queríamos obtener estaciones televisivas de calidad alrededor del mundo. Sabía que el Señor debería abrir puertas para nosotros. Estaba dispuesta a traspasar esas puertas con valentía, pero Él tenía que abrirlas y no solamente darme favor con dueños de estaciones televisivas y gerentes, sino también con la teleaudiencia.

Soy una mujer muy valiente y directa, y digo las cosas como las veo. Muchas personas no saben qué hacer con una personalidad como esa, así que sabía que necesitaba favor. Tenía que mostrar a la gente mi corazón, y hacer que creyeran que quería ayudarles.

Creo que todos tenemos aspectos de nuestra personalidad que pueden molestar a los demás, así que orar, pidiendo favor, es algo sabio. Cuando Dios nos da favor, la gente nos favorece —y a veces por razones que no pueden explicar. Si tres personas solicitan el mismo trabajo, y tienen las mismas calificaciones, la persona viviendo bajo el favor de Dios lo va a conseguir.

Favor es una parte de la gracia. En el Nuevo Testamento, las palabras *gracia* y *favor* son traducciones de la misma palabra en griego, *caris*.[1] La gracia de Dios es el favor de Dios. Y el favor de Dios es la gracia de Dios —lo que causa las cosas que deben suceder, a través del canal de la fe— el poder de Dios, logrando algo que no podemos ganar ni merecer.

Cuando decimos: "¿Me puedes hacer un favor?", estamos pidiendo a esa persona que nos haga algo que no merecemos y que no hemos pagado. Estamos dependiendo de la bondad de esa persona, esperando que se manifieste en forma de una bendición, aunque no hay razón natural para esperar eso.

Ester, Daniel y los niños hebreos, Rut, y aun Jesús mismo, recibieron favor de Dios que hizo que fueran aceptados y no rechazados en algunas situaciones específicas. Posiblemente fueran rechazados en otras áreas, pero fueron aceptados en relación con el propósito particular que Dios tenía para ellos.

No experimento aceptación total en todos lugares, y nadie lo experimenta. Pero he experimentado gran favor relacionado con mi ministerio de la enseñanza. He sido invitada a hablar en algunas de las conferencias más importantes del mundo hoy, al lado de hombres y mujeres grandes, que yo respeto y admiro. Yo sé que es una manifestación del favor de Dios, y se lo agradezco.

Ester necesitaba el favor del rey. Fue seleccionada por Dios para llevar liberación a su pueblo que estaba en peligro. Ella dio el paso de fe y entró en un lugar difícil para ella naturalmente. Dios le dio el favor que esperaba, y ella cumplió el llamado de su vida.

Rut era moabita, así que no había manera de ser aceptada por los israelitas, sin el favor de Dios, porque los moabitas eran idólatras. Dios le dio ese favor porque ella lo amaba y confiaba en Él. Ella no hizo nada especial para merecerlo, pero su corazón estaba bien con Dios. Por causa del favor, ella se casó con Boaz, *un hombre muy rico* (Rut 2:1), y su línea genealógica incluye a David, de quien Jesús mismo descendió.

Creo que podemos ver que el favor es de mucho valor y muy necesario para lograr ser lo que Dios quiere que seamos. Debemos orar regularmente, pidiendo favor sobrenatural, y esperar recibirlo. Para ser honesta, es divertido observar cómo Dios nos da favor en ciertas circunstancias.

Yo sé que has tenido momentos en que recibiste favor, y estoy segura de que lo disfrutaste mucho. Estoy animándote a liberar tu fe en esta área en una manera más grande, como nunca lo has hecho. No tengas miedo de pedir que Dios te dé favor.

Creo que hay muchas cosas que Dios haría por nosotros, si tuviéramos la valentía de pedir. La valentía en la oración no se puede obtener sin comprender la misericordia. Todos nos equivocamos, y nuestro premio debe ser el castigo, y no el favor. Es justamente por eso que la valentía es un requisito para ir delante del Señor, pidiendo primero el perdón, y después la misericordia. El perdón remueve nuestro pecado, y la misericordia nos bendice aun cuando no lo merecemos. Incluso, el perdón es una manifestación de la misericordia de Dios. Él nos perdona porque es misericordioso y paciente.

## ¡MISERICORDIA!, ¡MISERICORDIA!, ¡MISERICORDIA!

*Que las misericordias del Señor jamás terminan, pues nunca fallan sus bondades; son nuevas cada mañana, ¡grande es tu fidelidad!*

Lamentaciones 3:22,23 (B.d.l.A.)

Yo digo frecuentemente: "¡Es bueno que las misericordias de Dios son nuevas cada mañana, porque yo he usado todas las de ayer!"

Misericordia es una palabra muy cercana a *gracia* y *favor*, incluso se puede usar en forma intercambiable con ellas. En el diccionario en inglés de Noah Webster del año 1828, *American Dictionary of the English Language*, define la misericordia:

"Esa benevolencia, suavidad, ternura de corazón, que dispone a una persona a pasar por alto una ofensa, o a tratar a un ofensor mejor de lo que merece; la disposición que templa la justicia, e induce a una persona herida a perdonar las transgresiones y las heridas, y a prescindir del castigo, o castigar de una manera menor a lo que la justicia autoriza. En este sentido, quizás no hay otra palabra en nuestro lenguaje que es un sinónimo preciso de *misericordia*. La palabra que más se acerca es *gracia*. Implica benevolencia, ternura, suavidad, piedad, compasión, y clemencia, pero manifestada solamente hacia los ofensores. La misericordia es un atributo distintivo del Ser Supremo".[2]

No sé cómo reaccionas tú, pero yo estoy muy feliz con la misericordia de Dios. No puedo imaginar dónde estaría yo hoy, si no fuera por ella. Yo sé que no estaría en ningún lugar agradable.

Todos merecemos el castigo, pero Dios nos da misericordia. ¡Qué maravilloso es el Dios a quien servimos! Los Salmos están llenos de referencias a Su misericordia. Salmo 107:1 es un ejemplo. *Dad gracias al Señor, porque Él es bueno; porque para siempre es su misericordia* (B.d.l.A.)

David era un hombre que amaba mucho al Señor, pero cometió errores serios. Sus pasiones le ganaron y lo llevaron a cometer adulterio y a hacer que mataran a un hombre. Creo que David habló tanto de la misericordia de Dios porque la había experimentado de primera mano en su vida y en su ministerio.

La misericordia de Dios perdona y restaura, y sólo una persona como David, que ha sido honesta en la evaluación de sí misma, puede decir verdaderamente, *Dad gracias al Señor, porque Él es bueno; porque para siempre es su misericordia.*

## LA MISERICORDIA Y EL MINISTERIO ────────

*Y Pablo, escogiendo a Silas, salió encomendado por los hermanos a la gracia [favor y misericordia] del Señor, y pasó por Siria y Cilicia, confirmando a las iglesias.*

Hechos 15:40,41

Es obvio, según este pasaje, que los creyentes de la iglesia primitiva sabían que el éxito de su ministerio dependía de la gracia, el favor, y la misericordia de Dios. Debemos recordar eso para nuestros ministerios. Avanzamos mucho más cuando dependemos de Su gracia, Su favor, y Su misericordia, que cuando dependemos de nuestras obras o nuestros esfuerzos, tratando de *merecer* Su ayuda.

Nuestros ministerios no crecen debido a nuestra bondad, sino debido a la bondad de Dios. Él es todo bondad, mientras nosotros tenemos que decir con Pablo en Romanos 7:18 ... *Y yo sé que en mí, esto es, en mi carne, no mora el bien.*

Como ministros de la Palabra de Jesucristo, es urgente que seamos misericordiosos, pero es imposible ser misericordioso si no hemos conocido nuestra necesidad de la misericordia, y no hemos practicado recibirla del Señor. Son nuestras propias debilidades y fracasos que nos hacen sentir compasión por los débiles y los errados.

Estoy segura de que si fuera perfecta, también esperaría que los demás fueran perfectos. Cuando tengo un lapso de memoria acerca de mis propias fallas, me encuentro más dura con los demás. A veces Dios tiene que recordarme de mis debilidades otra vez. Tiene una manera de esconderse en las sombras y permitirnos meternos en suficientes problemas para mantenernos humildes, y por lo tanto útiles. Se queda atrás y deja que nuestras debilidades se manifiesten para que confiemos en Él y no en nosotros mismos.

Como evidencia, considera este pasaje escrito por el gran apóstol Pablo en 2 Corintios:

> *Porque hermanos, no queremos que ignoréis acerca de nuestra tribulación que nos sobrevino en Asia; pues fuimos abrumados sobremanera más allá de nuestras fuerzas, de tal modo que aun perdimos la esperanza de conservar la vida. Pero tuvimos en nosotros mismos sentencia de muerte, para que no confiásemos en nosotros mismos, sino en Dios que resucita a los muertos.*
>
> 2 Corintios 1:8,9

Jesús mismo dio instrucciones acerca de la importancia de mostrar misericordia, cuando dijo a los religiosos de Su tiempo: *Id, pues, y aprended lo que significa: Misericordia quiero [disposición a ayudar a los que tienen problemas], y no sacrificio. Porque no he venido a llamar a justos, sino a pecadores, al arrepentimiento* (Mateo 9:13).

Bajo el pacto antiguo, cuando la gente pecaba, tenía que hacer un sacrificio para expiar sus pecados. En este pasaje de Mateo, Jesús introduce el Nuevo Pacto, que incluye la libertad del deber de hacer sacrificios. Jesús fue el sacrificio perfecto y final para todos los que creen, y ahora nos instruye que debemos recibir la misericordia de Él, y mostrar la misericordia a otros que han fallado.

Esto no significa que no haya corrección o castigo por el pecado, pero Dios siempre trata de ganarnos para Su justicia primero con Su amor y Su misericordia, antes de ser duro con nosotros. Podemos entender mejor este principio cuando pensamos en nuestros propios hijos.

He dicho muchas veces: "Les doy a mis hijos primero mi palabra. Si escuchan bien, todo marcha bien. Si no escuchan y se meten en problemas, les mostraré misericordia y les diré una y otra vez. Pero eventualmente, si no escuchan mis palabras, voy a tocar sus circunstancias". No lo hago porque quiera, sino porque tengo que hacerlo para ayudarles.

No conviene ser porfiado. Arrepentirse y recibir la misericordia de Dios es mucho mejor que sufrir Su disciplina.

He aprendido a usar este mismo principio con los empleados y otros sobre quienes tengo autoridad. Siempre muestro misericordia primero, y frecuentemente por mucho tiempo, pero sé en mi espíritu cuando ya es tiempo de usar más firmeza.

Algunas personas no aprecian la misericordia de Dios hasta que hayan experimentado un poco de Su ira. Dios nunca se enoja con Sus hijos; Su ira está siempre en contra del pecado en sus vidas. Él odia su pecado, y debemos aprender a odiarlo también.

*Como Dios, tenemos que odiar el pecado, pero amar al pecador.*

Posiblemente tienes un llamado de tiempo completo al ministerio, o posiblemente eres un laico que desea ministrar a otros en su vida diaria. Si es así, no puedo enfatizar con suficiente fuerza la importancia de mostrar y recibir la misericordia. Recuerda, no puedes dar algo que no tienes.

Si no recibimos la misericordia de Dios por nuestras faltas, no tenemos nada que dar a otros cuando nos fallan y nos decepcionan. No podemos guiar a la gente a una relación poderosa con el Señor, usando dureza, rigidez, y legalismo. Debemos mostrarles que el Dios a quien servimos es misericordioso y paciente.

Dios es amor, y todas las cosas que estamos conversando, son aspectos de Su amor. Caminar en amor es el llamado noble de cada creyente. No hay posibilidad de un ministerio efectivo sin andar en amor.

Nadie puede tener un ministerio poderoso, sin que manifieste el amor de Dios. Tampoco se puede confiar en alguien desconocido. La gracia, el favor, y la misericordia de Dios, estaban disponibles para mí durante toda mi vida, pero no empecé a recibirlos hasta tener más de cuarenta años. No podía recibirlos porque no los conocía, y ni siquiera creía en ellos.

Pido que este capítulo te haya dado una mejor comprensión de las palabras *recibir, gracia, favor, y misericordia*. Entendidas correctamente, te darán poder para tu vida y tu ministerio.

# 9

&

## Creyendo y recibiendo

## 9
## CREYENDO Y RECIBIENDO

...al que cree todo le es posible.

**MARCOS 9:23**

En un sentido la palabra *recibir* es sinónimo de la palabra *creer*. No podemos recibir algo si no creemos en ello.

En el reino espiritual, cuando tú y yo creemos algo, lo recibimos en el corazón. Si una manifestación física es necesaria, vendrá después de creer —no antes. En el mundo, nos enseñan a creer lo que vemos. En el Reino de Dios, tenemos que aprender a creer primero, y entonces veremos la manifestación de lo que hemos creído (recibido, aceptado en el corazón).[1]

Según la Escritura, Dios tiene un plan bueno para cada uno de nosotros. Empecé a creer eso firmemente hace algunos años, y ahora lo estoy viviendo. El plan bueno para mí estaba disponible siempre, pero durante mucho tiempo de mi vida, no lo creía; por lo tanto, no podía recibirlo.

El Señor está dispuesto a tomar cada cosa negativa que nos ha sucedido y convertirla en algo positivo, si solamente creemos.

### ¡CREER ES RECIBIR!

> *El Espíritu del Señor está sobre mí, porque me ha ungido el SEÑOR; para traer buenas nuevas a los afligidos; me ha enviado para vendar a lo quebrantados de corazón, para proclamar libertad a los cautivos [espiritual y físicamente], liberación a los prisioneros; para proclamar el año favorable del SEÑOR, y el día de venganza de nuestro Dios; para consolar a todos los que lloran, para conceder que a los que lloran en Sion se les dé diadema en vez de ceniza, aceite de alegría en*

*vez de luto, manto de alabanza en vez de espíritu
abatido; para que sean llamados robles de justicia
[altos, fuertes, y maravillosos, distinguidos por su
integridad, justicia, y relación con Dios], plantío
del SEÑOR, para que Él sea glorificado.*

Isaías 61:1-3 (B.d.l.A.)

A través de los años, me he aferrado a pasajes como el de arriba, y a otros más, y he visto en mi propia experiencia, que el hecho de creer en la Palabra de Dios de manera consistente, eventualmente cambiará las circunstancias negativas en algo positivo. Me han sucedido muchas cosas negativas, y Satanás las utilizó para amargar mi actitud hacia la vida y hacia las personas. Estaba atrapada en mi pasado, porque creía que no tenía futuro. Tan pronto como creí, fui liberada del pasado, y empecé a avanzar hacia el futuro bueno que Dios tenía en mente para mí. No me llegó inmediatamente en forma manifiesta, pero el hecho de creer me dio la esperanza que me sostenía día a día. Lentamente, pero en forma segura, empecé a ver cambios en mi vida, y cada cambio me animaba a creer más.

*¡Creer es la clave para recibir de Dios!*

No importa lo que te haya sucedido en el pasado, si crees, puedes recibir el futuro bueno que Dios tiene apartado para ti en Jesucristo, quien vino a hacer la voluntad de Su Padre celestial.

## CRISTO EN TI, LA ESPERANZA DE GLORIA

*El misterio que había estado oculto [para los
ángeles y los hombres] desde los siglos y edades, pero
que ahora ha sido manifestado a sus santos, a quienes
Dios quiso dar a conocer las riquezas de la gloria de
este misterio entre los gentiles; que es Cristo en vosotros, la esperanza de [realizar la] gloria....*

Colosenses 1:26,27

Por la única razón que tú y yo podemos experimentar la gloria de Dios en nuestras vidas es debido a que Cristo está en nosotros. Él es nuestra esperanza para ver cosas mejores.

La gloria de Dios es su excelencia manifestada. Ya que somos hijos de Dios tenemos un derecho comprado con sangre para experimentar lo mejor que Dios ha planificado para nosotros. Satanás lucha furiosamente con el plan de Dios para cada una de nuestras vidas, y su arma principal es el engaño. Cuando somos engañados, creemos algo que no es verdad. Y aun cuando no es verdad, parece verdadero para nosotros porque eso es lo que creemos.

Cuando miramos a nosotros mismos y a nuestras habilidades, nos sentimos derrotados, pero recordar que Cristo está en nosotros es nuestra esperanza de comprender la gloria. Nos da el ánimo suficiente para seguir adelante con firmeza para lograr cosas mejores. Nos limitamos cuando solamente miramos a nosotros mismos y fallamos al no ver a Jesús.

En Juan 11:40 Jesús dice a Marta: *¿No te he dicho que si crees, verás la gloria de Dios?* El Señor ha destinado Su iglesia para gloria. Él volverá para encontrar una iglesia gloriosa (Efesios 5:27). Podemos ser excelentes personas, con excelentes actitudes, excelentes pensamientos, y excelentes palabras. La gloria de Dios puede manifestarse en nosotros y sobre nosotros, pero solamente si creemos que es posible.

Dios busca a los que creerán y recibirán. Empieza a esperar más de Su gloria en tu vida. ¡Él está esperando para manifestar Su gloria —a ti y a través de ti!

## RECIBIENDO EL PODER DE DIOS ──────

*Nadie te podrá hacer frente en todos los días de tu vida; como estuve con Moisés, estaré contigo; no te dejaré, ni te desampararé.*

Josué 1:5

A menudo he pensado en Josué y en cómo se habrá sentido cuando Dios le dijo que él iba a tomar el lugar de Moisés para dirigir a los israelitas a la Tierra Prometida. Moisés era un líder asombroso. ¿Quién estaría dispuesto a tomar su lugar?

Dios le dijo a Josué que él lo lograría, no porque tuviera algo especial en su naturaleza, sino porque Él estaba con él. Moisés tuvo éxito solamente porque Dios estaba con él. Dios le dijo a Josué que de la misma manera estaría con él, si él creía. Dios siguió animando a Josué a que fuera fuerte y tuviera confianza, a ser valiente y a no tener miedo. En otras palabras, ¡siguió diciéndole que *creyera*!

Dios quiere que tú y yo pongamos nuestra fe en Él, y que creamos que podemos hacer lo que Él nos pida que hagamos. Él es poderoso para levantarnos y mantenernos. Él nos sostendrá para evitar que caigamos.

El poder de Dios está disponible para nosotros. Lo recibimos creyendo en Él, y en la promesa de Dios de dárnoslo. Si creemos que somos débiles, entonces manifestaremos debilidad, pero la Biblia dice, ... *diga el débil: Fuerte soy...* (Joel 3:10). Cuando podemos decir que somos fuertes con convicción, aunque seamos débiles en nosotros mismos, el Señor será fuerte en nosotros, ¡experimentaremos gloria en nuestras vidas!

## ¡LOS CREYENTES DEBEN CREER! ⸻

> *Todo lo puedo en Cristo que me fortalece. [Estoy listo para cualquier cosa y para sobrellevar cualquier cosa a través de Él. Quien me da fortaleza interior; soy autosuficiente en la suficiencia de Cristo].*

> Filipenses 4:13

Me gusta lo que dice Filipenses 4:13. Me ha animado muchas veces en mi vida. He aprendido que estoy lista para cualquier cosa que deba enfrentar a través de Cristo, que me da fuerzas cuando las necesito.

Sólo por el hecho de que no nos *sentimos fuertes* cuando pensamos acerca de una situación, no quiere decir que no *seremos fuertes* cuando necesitemos serlo. El poder de Dios llega a nosotros por medio de Su gracia, a través de nuestra fe, pero Él rara vez nos da la fuerza que necesitamos antes de realmente necesitarla. De esa manera debemos confiar en Él, eso es nuestra parte. Dios nos pide que confiemos en Él, y al hacerlo, Él hace la parte que no podemos hacer.

Cuando despertamos una mañana cualquiera, no sabemos con seguridad qué nos pasará ese día. Todos deseamos días fáciles en los cuales se cumplan todos nuestros deseos, pero sabemos por experiencia que no siempre es así. Vivimos en un mundo real, con problemas reales. Nuestro enemigo, el diablo es real, y hace todo lo posible para traer desánimo, miedo, y fracaso a nuestras vidas porque pertenecemos a Dios y hemos puesto nuestra confianza en Él.

## DIOS ES NUESTRO REFUGIO Y FORTALEZA

> *Diré yo al SEÑOR: Refugio mío y fortaleza mía,*
> *mi Dios en quien confío.*
> *No temerás el terror de la noche, ni la flecha que*
> *vuela de día, ni la pestilencia que anda en*
> *tinieblas, ni la destrucción que hace estragos en*
> *medio del día.*

Salmo 91: 2,5,6 (B.d.l.A.)

El salmo 91 nos enseña que si confiamos en Dios, no debemos temer a las sorpresas de Satanás que nos rodean. No importa lo que pueda sucedernos, *deberíamos creer ahora mismo* que cuando las cosas sucedan seremos capaces de salir adelante. Si confiamos en Dios, Él nos dará fortaleza y no seremos derrotados.

Necesitamos recordar que estamos listos para todo, que podemos hacerle frente a todo, a través de Cristo. Quien nos infunde fuerza interior. La fuerza interior vale más que la fuerza física; necesitamos estar firmes en nuestro ser interior y negarnos a creer las mentiras de Satanás.

Pablo oraba por la iglesia en Éfeso para que fuera fortalecida con poder en su ser interior (Efesios 3:16). Sabía que si permanecían firmes interiormente, serían capaces de sobrellevar cualquier cosa adversa que les pasara exteriormente y serían capaces de hacer lo que era necesario.

## ESPERA EN EL SEÑOR

*Pero los que esperan en el SEÑOR renovarán sus fuerzas; se remontarán con alas como las águilas, correrán y no se cansarán, caminarán y no se fatigarán.*

Isaías 40:31 (B.d.l.A.)

Isaías nos enseña a esperar en el Señor cuando sabemos que nuestras fuerzas deben ser renovadas. Esperar en Dios significa pasar tiempo con Él, en Su palabra, y en Su presencia.

Hay personas de las cuales sacamos fuerzas por el simple hecho de estar con ellas. Su presencia, la manera en que hablan y enfocan la vida, parecen hacernos sentir mejor cuando estamos desanimados en alguna manera. De la misma forma, hay otros que parecen hacernos sentir peor. Tienen una forma de poner algo negativo a todo.

Cuando tú y yo necesitamos ser fortalecidos, debemos pasar tiempo con Dios y con personas llenas de Su Espíritu. Pasar tiempo en la presencia de Dios es como estar sentado en una habitación llena de un perfume suave. Si permanecemos ahí lo suficiente, quedaremos impregnados de esa fragancia al salir. Podremos olerla en nuestra ropa, en nuestro pelo, e incluso en nuestra piel.

Moisés era un hombre de oración, pasaba mucho tiempo en comunión con Dios y hablando con Él. Él sabía que si Dios no lo ayudaba, fracasaría miserablemente. Debido a la fidelidad de Moisés para buscar a Dios, recibió un mensaje de afirmación: *Mi presencia irá contigo, y te daré descanso* (Éxodo 33:14).

Moisés tuvo que enfrentar a muchos enemigos hostiles, como también debió seguir dirigiendo al pueblo de Dios a través del desierto hacia la tierra prometida. Ni siquiera podemos imaginar la magnitud de su tarea. Había millones de israelitas —que estaban murmurando, quejándose, y encontrando fallas en Moisés casi todo el tiempo. Era el marco ideal para que Moisés perdiera su paz, sin embargo Dios le dijo: "Mi presencia irá contigo, y te dará descanso". Moisés le creía a Dios, y por lo tanto recibió Su promesa. Estoy segura de que hubo ocasiones en que su fe fue puesta a prueba, ocasiones en que seguramente no sintió la presencia de Dios con él.

Según Hebreos 11:1, la fe es la certeza de lo que se espera, la convicción de lo que no se ve. Es absolutamente impresionante para mí, cuan rápido mi actitud puede cambiar de positiva a negativa simplemente por un ajuste en lo que creo.

Podemos recibir de Satanás si creemos lo que dice, o podemos recibir de Dios creyendo en Su palabra. Todos creemos algo, y más vale que sea algo bueno.

Siempre recuerda *¡creer no tiene precio!* Inténtalo, verás que tu vida cambiará en una forma sorprendente.

## ¿NECESITAS HACERTE UNA EVALUACIÓN DEL CUELLO HACIA ARRIBA?

*Bienaventurado [feliz, afortunado, digno de admiración] el hombre que tiene en ti sus fuerzas, en cuyo corazón están tus caminos. Atravesando el valle de lágrimas lo cambian en fuente, cuando la lluvia llena los estanques. Irán de poder en poder; verán a Dios en Sion.*

Salmo 84:5-7

159

Cuando nuestra fuerza proviene de Dios, aun las situaciones difíciles de la vida se pueden transformar en bendiciones. Por esa razón debemos mantener nuestras mentes y corazones constantemente enfocados en Él y no en nuestras circunstancias.

Es sabio que de vez en cuando hagamos inventario de nuestros pensamientos. Es posible que estemos perdiendo nuestro gozo y no nos demos cuenta por qué.

He descubierto que cuando no estoy feliz, estoy tentado a echar la culpa de mi tristeza a alguna circunstancia o a alguna persona que no está dándome lo que siento que necesito. Ese tipo de pensamiento equivocado puede hacernos dar vueltas una y otra vez alrededor de la misma montaña, sin avanzar hacia disfrutar de las promesas de Dios (Deuteronomio 2:3).

Muchas veces cuando no estoy feliz, es debido a un pensamiento equivocado mío. Aun si tengo circunstancias negativas, puedo estar feliz si estoy pensando correctamente acerca de ellas. Si la gente no me da lo que necesito, puedo enojarme con ellos, o puedo buscar a Dios para satisfacer esa necesidad.

Satanás quiere que *pensemos* que nada cambiará, que las cosas solamente empeorarán. Quiere que tomemos inventario de cada decepción que nos ha sucedido en nuestras vidas, y que pensemos en qué mal nos han tratado. Nuestro destino nunca será una realidad, y no lograremos ser lo que Dios ha planificado para nosotros, si no pensamos en forma correcta.

No pienses de acuerdo con el pasado, piensa de acuerdo con la Palabra de Dios.

*Lo que crees determina si recibes la manifestación de la plenitud en tu vida.*

Hay demasiada gente que testifican que sus vidas están vacías y secas.

Dios tiene en mente la satisfacción y la plenitud para nosotros. Nunca me había sentido satisfecha o completa hasta hacer lo que Dios había ordenado para mí. La plenitud sólo viene por estar en el centro de la voluntad de Dios. Si tú y yo no nos ponemos de acuerdo con Dios, creyendo lo correcto, nunca avanzaremos hacia el cumplimiento de nuestro destino.

## ¡TÚ TIENES QUE TENER UN SUEÑO!

*Sin profecía [una visión, una revelación redentora de Dios] el pueblo se desenfrena [perece]; mas el que guarda la ley [de Dios, que incluye la ley del hombre] es bienaventurado [feliz, afortunado digno de admiración]).*

Proverbios 29:18

Los que tienen un pasado triste necesitan creer en un futuro feliz. El autor de Proverbios dice que, donde no hay una visión, la gente perece.

Una visión es algo que vemos en nuestra mente, "una vista mental", como alguien la define. Puede ser algo que Dios coloca en nosotros en forma sobrenatural, o puede ser algo que vemos intencionalmente. Involucra la manera en que pensamos acerca de nosotros mismos, de nuestro pasado, y de nuestro futuro. Recuerda lo que dije antes —*no tienes que pagar nada para tener fe.*

Algunos tienen miedo de creer. Piensan que corren el riesgo de ser decepcionados. No se han dado cuenta de que seguirán perpetuamente decepcionados si no creen.

Siento que, si creo que voy a recibir mucho y recibo la mitad, estoy mejor que si no esperara nada y recibiera todo.

Te desafío a empezar a creer cosas buenas. Cree que puedes hacer lo que sea necesario para vivir en Cristo. No tengas una actitud de rendirte. Permite que tu fe vuele. Sé creativo con tus pensamientos. Toma inventario: ¿qué has estado creyendo últimamente? Una respuesta honesta puede ayudarte a comprender por qué no has estado recibiendo lo que querías recibir.

# 10

&

# Manténte de pie por dentro

# 10
# MANTÉNTE DE PIE POR DENTRO

**He peleado la buena batalla, he acabado la carrera, he guardado la fe.**

## 2 TIMOTEO 4:7

Una vez escuché la historia de un niño pequeño que estaba asistiendo a la iglesia con su madre, y que repetidamente se paraba en el momento equivocado. Su madre le decía que se sentara, y finalmente se puso muy firme con él, diciéndole enfáticamente: "¡Siéntate ahora mismo, o estarás en problemas cuando lleguemos a la casa!" El niño la miró y le dijo: "¡Me voy a sentar, pero por dentro seguiré de pie!"

Me parece que alguien siempre está tratando de hacernos sentar. Nos dicen que no causemos problemas, que no llamemos la atención. Quieren que sigamos el programa que otros han diseñado, y que nos olvidemos de lo que nosotros queremos personalmente.

Durante los años, muchos han tratado de detener mi llamado. Hay otros que no entendieron lo que estaba haciendo, y por qué estaba haciéndolo, así que me juzgaron mal. A veces su crítica y su condenación me hizo querer sentarme y olvidarme de la visión que Dios me había dado. Otros tenían vergüenza de tener como amiga o pariente a una "mujer predicadora". Querían que me "sentara", para no afectar su propia reputación en forma adversa. Muchos me rechazaron, y el dolor del rechazo me tentó a "sentarme", y seguir tranquilamente como una más del grupo.

Pero tenía a un Dios grande dentro de mí, y "sentarme" no era una opción. Me hizo ponerme de pie por dentro y decidir seguir adelante, sin importar lo que pensaran o dijeran los demás. No fue siempre fácil, pero aprendí de mi experiencia que es más difícil estar frustrado y sentirse no realizado por no estar en la voluntad de Dios, que aguantar toda la oposición y seguir adelante.

Estar de pie por dentro no significa ser rebelde o tener una actitud agresiva hacia los que no nos entienden. Significa tener una confianza interior tranquila que nos lleva hasta la meta. Significa saber por dentro que, a pesar de lo que sucede por fuera, todo resultará bien, porque Dios está en el escenario, y cuando Él está presente, nada es imposible.

Para lograr ser nosotros mismos, tenemos que ser fieles a Dios hasta el final. No podemos retirarnos o rendirnos.

Creo que probablemente hay pocas personas que logran perfectamente ser lo que pueden ser. La oposición es muy grande. Es muy fácil ser derrotado. Sin embargo, las personas que han decidido seguir de pie por dentro, sin importar lo que suceda, ¡cruzarán la meta! Podrán decir con Jesús, *"... he acabado la obra que me diste que hiciese. Ahora pues, Padre, glorifícame tú al lado tuyo, con aquella gloria que tuve contigo antes que el mundo fuese"* (Juan 17:4,5).

## DOS COSAS QUE INTERRUMPEN LA FE

> *Pero Cristo [el Mesías] como hijo sobre su [de Su Padre] casa [y dueño de ella], la cual casa somos nosotros, si retenemos firme hasta el fin la confianza y el gloriarnos en la esperanza [en Cristo].*

> Hebreos 3:6

Pongo énfasis en la palabra *si* en este pasaje, porque frecuentemente no le ponemos atención a los *si*, y los *pero* en la Biblia. En pasajes como éste, vemos lo que Dios hará, *si* hacemos lo que debemos hacer.

Tú y yo tenemos un privilegio grandioso como miembros de la casa de Dios, *si* permanecemos firmes en la fe hasta el final. Ir adelante y orar la oración del pecador es sólo el comienzo de nuestro caminar con Él; debemos seguir adelante y seguir en la fe —¡tenemos que seguir creyendo en Él!

La confianza y la fe son prácticamente sinónimos; a veces se pueden intercambiar, sin perder el contexto de lo que se dice. Podría dar una definición muy larga de la fe, pero basta decir que la fe es confianza en Dios. En términos sencillos, la fe significa saber que, si Dios dice que va a hacer algo, entonces lo va a hacer. Aun cuando parezca ahora que no lo está haciendo, sucederá en Su momento, *si* seguimos confiados en Él.

Las únicas dos cosas que pueden interrumpir la fe son: 1) la manifestación de lo que se espera, ó 2) la manifestación de la duda y la falta de fe. Una vez que recibamos la manifestación de lo que hemos estado creyendo [esperando], ya no necesitamos la fe, y así termina en ese caso. De la misma manera, la manifestación de la duda y la falta de fe —es decir, recibir las mentiras de Satanás y creerlas— interrumpe la fe, y así deja de existir.

Es por eso que nuestra fe debe continuar, aun cuando parece que todo y todos están en contra de nosotros. En Cristo, podemos permanecer fieles por dentro, porque sabemos que nuestra vida verdadera está en nosotros, y no en las personas o las circunstancias alrededor.

## PON LA CONFIANZA EN DIOS, NO EN LA CARNE

> *Porque nosotros [los cristianos] somos la circuncisión, los que en espíritu servimos a Dios y nos gloriamos en Cristo Jesús, no teniendo confianza en la carne [en lo que somos humanamente].*

> Filipenses 3:3

La confianza en Dios es algo totalmente diferente de la confianza en sí mismo. Tal como he mencionado, nosotros los creyentes no debemos poner nada de confianza en la carne.

En mi ministerio, trabajo para destruir la confianza propia, y ayudo a la gente a llegar al punto donde puede poner su confianza en Cristo, y sólo en Él. Dios se opone a nuestra actitud independiente, y va a trabajar agresivamente con nosotros, hasta que sea removida.

Debemos tener un sentido de triunfo interno, pero solamente se encuentra en Cristo.

## TRIUNFO EN CRISTO

*Mas a Dios gracias, el cual nos lleva siempre en triunfo en Cristo Jesús [como trofeos de la victoria de Cristo], y por medio de nosotros manifiesta en todo lugar el olor de su conocimiento.*

2 Corintios 2:14

Como vimos en el capítulo 5, según Romanos 8:37, somos más que vencedores en Cristo. Creo que somos más que vencedores cuando sabemos de antemano que tenemos la victoria, antes de que comiencen los problemas. Pero ese tipo de confianza es una certeza interior, no una confianza en nosotros mismos, sino en Dios que vive en nosotros.

Mi esposo Dave no es un hombre que tenga miedo de las circunstancias. No le asustan, tampoco le hacen cambiar su posición. Él tiene una confianza tranquila sabiendo que, pase lo que pase, Dios se encargará de todo, si confiamos en Él. Dave definitivamente camina con un sentido interior de triunfo, una actitud de más que vencedor. Realmente se mantiene de pie por dentro, sin importar lo que suceda por fuera.

Durante los años, lo he observado en distintas situaciones, y las maneja todas iguales. Echa sobre Dios su preocupación, y sigue confiando, creyendo que todo resultará para bien para los que aman al Señor y son llamados de acuerdo con Su propósito (Romanos 8:28). Cuando trata de hacer algo y no le resulta, cuando alguien lo rechaza, cuando alguien juzga o critica nuestro ministerio, cuando nos falta el dinero, aun cuando tenemos problemas en nuestra relación personal, siempre mantiene una confianza tranquila, creyendo que todo resultará bien.

Recientemente hablé con una amiga que pasó mucho de su vida preocupándose por sus dos hijos. Uno se casó hace poco y tiene una gran vida, y la otra se casará pronto con un hombre maravilloso. Le comenté que perdemos tanto tiempo preocupándonos por nuestros hijos, y que es energía mal gastada. Mencioné cuántas cosas resultan bien al final, y dije que la preocupación solamente aumenta los problemas; no los soluciona.

En otra etapa de mi vida, pasé por lo mismo que esta madre. Me preocupé por tantos asuntos con cada uno de mis hijos, cuando eran jóvenes. Ahora son grandes, y todas esas cosas que me preocupaban han resultado bien.

Como expliqué, me preocupé por mi hija mayor, Laura, porque no le gustaba la escuela, y sacaba notas mediocres. Era una joven desordenada —sin disciplina con sus posesiones personales y con su dinero. Quería casarse joven y tener hijos, pero yo pensaba que ni siquiera sabía cuidarse a sí misma. ¿Cómo iba cuidar una familia? Cuando se casó a los diecinueve años, le había regañado tanto que nuestra relación no era muy buena. Dave me había dicho tantas veces: "Joyce, Laura resultará bien. Llegará".

Ahora Laura tiene más de treinta años, y es tan organizada que me ayuda a mí con el orden. Su matrimonio es excelente, tiene dos niños maravillosos, y todo está bien. Ella pasó unos tiempos difíciles después de irse de la casa, sufriendo para aprender unas lecciones duras que eran necesarias. Pero aprender sufriendo es a veces la mejor manera —normalmente no olvidamos lo que aprendemos por medio de la experiencia.

Mientras estaba derrumbándome por dentro, Dave estaba de pie por dentro, sin dejar que las circunstancias lo gobernaran. Creo que somos más que vencedores cuando no tememos los problemas. Ninguno de nosotros tiene una vida tan bonita que no tenga problemas —y si nos doblegamos ante el temor, siempre habrá algo que temer.

## DA EL PASO Y YA VERÁS

> *...Boga mar adentro, y echad vuestras redes para pescar.*
>
> Lucas 5:4

La única manera de llegar a nuestro destino final y lograr ser nosotros mismos es dar muchos, muchos pasos de fe. Dar el paso hacia lo desconocido —hacia algo que nunca hemos hecho antes— nos puede dejar tiritando de miedo.

Por causa del miedo, muchas personas nunca dan el paso, y por lo tanto, nunca ven de lo que son capaces.

Creo que estamos muy cerca del tiempo cuando regresará Jesús por Su iglesia, y no creo que tenga meses y meses para convencer a cada uno de nosotros a obedecer, cuando quiere que demos un paso de fe. Creo que cuanto más cerca estemos de "los últimos días", cuanto más Dios va a exigir pasos radicales de obediencia.

Muchas personas están perdiendo la voluntad de Dios en sus vidas, porque prefieren ir por la senda "segura". Pero yo no quiero llegar al fin de mi vida y decir: "Preferí la seguridad del momento, pero ahora lo lamento".

El mundo tiene un dicho: "Más vale prevenir que curar". No creo que esto funcione en el reino de Dios. Si hubiera tratado de prevenir siempre, no estaría donde estoy hoy. Nunca habría sembrado las semillas de obediencia en mi vida que han producido la cosecha que disfruto ahora en mi ministerio y en otras áreas de mi vida.

No sugiero que hagamos cosas ridículas y necias, pero sé que no todas las cosas que Dios nos pide tienen sentido para la mente natural. Tú y yo debemos aprender a ser guiados por el discernimiento en el ser interior [el espíritu], y no por nuestras mentes carnales, o por lo que sugieren los demás. Cuando damos el paso, debemos hacer todo lo posible para asegurarnos de que es la voz de Dios la que estamos escuchando en fe, y no algún pensamiento loco que hemos sacado de la atmósfera, donde Satanás lo colocó para tentarnos hacia la destrucción.

Dave y yo hemos encontrado que la mejor política es "un paso a la vez". Cuando tenemos algo en el corazón, oramos un tiempo, y esperamos un poco. Si queda en el corazón, damos un paso. Si resulta, y vemos que Dios lo está ungiendo, damos otro paso.

La gente que se mete en problemas, normalmente no lo hacen en un solo salto; normalmente es resultado de varios pasos equivocados. Dios les ha advertido en el camino, tratando de evitar que se metan en problemas, pero han seguido en la carne [siguiendo sus deseos carnales], tratando de convertir sus deseos en la voluntad de Dios.

Aquí hay un ejemplo de la mejor forma de dar un paso de fe. Cuando Dave y yo creímos que Dios nos estaba llamando a aparecer en la televisión, no contratamos a cuatrocientas estaciones en el principio. Primero, contactamos a nuestros donantes, y les pedimos invertir en el equipo que necesitábamos, si sentían que Dios les guiaba a hacerlo. Sabíamos que si Dios nos estaba diciendo en verdad que debíamos aparecer en la televisión, entonces también diría a otros que nos ayudaran.

Cuando todo el dinero que necesitábamos llegó, dimos otro paso. Usamos unos pocos canales de televisión, y volvimos a nuestros donantes, pidiendo otra vez que nos ayudaran, dando una cierta cantidad de dinero que nos permitiera pagar los gastos durante los primeros meses, mientras el programa se estableciera. Una vez que respondieron con lo que necesitábamos, seguimos adelante.

Durante los años, hemos agregado más canales, en la medida en que hemos podido pagar los que ya estamos usando. No habríamos podido continuar agregando canales, si los programas que estábamos haciendo no hubieran pagado sus propios gastos.

En el momento de escribir este libro, tengo treinta y tres libros publicados que se encuentran en las librerías. Si hubiese escrito uno o dos, sin vender ninguno, no habría continuado escribiendo.

Algunos se meten en problemas simplemente porque no pueden admitir que cometieron un error, y no buscan una dirección nueva. Es muy difícil meterse en serios problemas si damos un paso a la vez. Pero los que no dan el paso ya están en problemas serios, porque nunca lograrán nada en la vida.

Otro factor de seguridad que hemos seguido es ratificar que nuestros corazones estén bien, en relación con las cosas que estamos haciendo. Tenemos que asegurarnos de que tengamos buenos motivos, y de que estemos haciéndolo solamente porque creemos que es la voluntad de Dios.

Algunos se meten en problemas porque hacen lo que otros piensan que deben hacer. Otros hacen cosas para llamar la atención o para imitar lo que otros hacen.

Muchos ministros estaban en la televisión mucho antes que yo. Incluso, yo puedo recordar cuando la gente me decía: "¿Por qué no apareces en la televisión, Joyce?", o "Joyce, ¿no te interesa aparecer en la televisión?" Para ser honesta, no quería hablar en la televisión. No quería tener la responsabilidad financiera. Tenía un ministerio exitoso en la radio, y quería estar en la "zona segura". Pero cuando Dios dijo: "Quiero que estés en la televisión", también me llenó el corazón con el deseo.

Otros pueden desear algo para nosotros, pero tenemos que desearlo nosotros mismos. Si no lo deseamos, no podremos perseverar en las dificultades que vienen con el nacimiento de algo nuevo.

Quería estar segura de que mi motivo era sano para estar en la televisión. Dios no está buscando a estrellas —está buscando a gente que quiere ayudar a otros. Siempre es bueno tomar el tiempo para examinar nuestros motivos. Ser honesto con nosotros mismos acerca de nuestros motivos nos puede evitar muchos fracasos.

Recientemente hemos recibido mucho ánimo de algunas personas, diciendo que debemos promover más nuestras conferencias. Mientras es verdad que la gente no viene si no sabe que estamos allí, también es verdad que podríamos malgastar mucho dinero, haciendo las cosas a la manera del mundo, y posiblemente no sea la mejor manera en el reino de Dios.

*¡Dios tiene Sus propios caminos!*

Algunas cosas que nos han sugerido nos gustan, y otras no. No creo que sea mi trabajo "venderme a mí misma". Es mi trabajo obedecer a Dios, amar a la gente, y estar donde creo que el Señor quiere que esté. Después de hacer mi parte en promocionar bien, debo confiar en Él para traer a la gente. No estaba cómoda con algunas de las sugerencias. No podía hacerlas con los motivos correctos, así que ni siquiera lo intenté. Creo que Dios honrará esa decisión y dará el fruto que deseamos.

## LA OBEDIENCIA RADICAL A VECES REQUIERE SACRIFICIO

*De cierto os digo que no hay ninguno que haya dejado casa, o hermanos, o hermanas, o padre, o madre, o mujer, o hijos, o tierras, por causa de mí y del evangelio, que no reciba cien veces más ahora en este tiempo; casas, hermanos, hermanas, madres, hijos, y tierras, con persecuciones; y en el siglo venidero la vida eterna.*

Marcos 10:29,30

Vida en la Palabra, tiene una oficina en Australia y necesitábamos dos parejas de nuestro ministerio para ir allá y hacerse cargo de ella. Para lograr ese propósito las parejas debían dejar todo lo que tenían y estar dispuestos a empezar de nuevo. Porque habría sido muy caro pagar el envío de sus pertenencias a un lugar tan lejano.

Dos parejas dieron un paso de obediencia porque sintieron que Dios hablaba a sus corazones haciéndoles saber que ellos eran los indicados para ir. Dieron el paso, pero el costo fue un sacrificio personal muy grande. Debían vender sus automóviles, sus muebles, dejar a sus familias y amistades y separarse de las iglesias en las cuales estaban profundamente involucrados. Tenían que dejar todo y a todos los que amaban, para obedecer a Dios e ir a un lugar lejano. Obviamente, a pesar del amor de Dios y su deseo de hacer Su voluntad, la transición fue difícil.

Cuando vamos a un lugar nuevo, a menudo experimentamos soledad, un sentimiento de que todo y todos a nuestro alrededor son extraños. No nos sentimos a gusto, o "en casa". Pero ese tipo de obediencia radical da frutos de felicidad personal y gozo al saber que estamos haciendo la voluntad de Dios, y de bendiciones materiales que Dios provee para nosotros de acuerdo con las promesas que encontramos en Su palabra.

## EL JUSTO SUFRIRÁ PERSECUCIÓN

> *Y también todos los que quieren vivir piadosamente en Cristo Jesús padecerán persecución [sufriremos por causa de la posición religiosa que ellos tienen].*
>
> 2 Timoteo 3:12

La palabra de Dios nos dice que sufriremos persecuciones. En el diccionario de *Vine: Complete Expository Dictionary of Old and New Testament Words*, La palabra griega traducida por *perseguir* es definida en parte como "poner en fuga, echar".[1] Satanás produce oposición, inquietud, pleitos, y aflicciones con la esperanza de que "nos fuguemos, de que desertemos". Si queremos tener éxito en ser nosotros mismos, y en llegar a ser la persona que Dios quiere de nosotros, debemos estar preparados para mantenernos fuertes en tiempos de persecución.

*Si permanecemos de pie en nuestro interior, Dios cuidará de nuestro exterior.*

A la iglesia carismática no le gusta usar la palabra *sacrificio*, pero está en la Biblia. En Marcos 8:34, Jesús dice, en esencia: "Si quieren seguirme, deberán renunciar a sí mismos".

## EL REQUISITO Y EL PREMIO DEL SACRIFICIO ——

> *Y el SEÑOR dijo a Abram: Vete de tu tierra, de entre tus parientes y de la casa de tu padre, a la tierra que yo te mostraré. Haré de ti una nación grande, y te bendeciré, y engrandeceré tu nombre, y serás bendición. Bendeciré a los que te bendigan, y al que te maldiga, maldeciré. Y en ti serán benditas todas las familias de la tierra.*
>
> Génesis 12:1,2. (B.d.l.A.)

Hemos visto que Abram [quien posteriormente recibe el nombre de Abraham] tuvo que hacer un sacrificio cuando Dios le pidió que dejara la casa de su padre y se fuera al lugar que Él le mostraría más tarde. Dios exigió una obediencia total de parte de Abram, pero también le hizo una promesa total.

Cuando pensamos en sacrificio, siempre debemos recordar que lo que sembramos como una semilla, Dios lo usa para producir una cosecha. Cuando somos llamados a hacer un sacrificio, no debemos sentirnos privados de algo, sino privilegiados. Jesús sacrificó Su propia vida por nosotros, y debemos seguir Sus pasos (1 Pedro 2:21).

No tenemos que estar cómodos siempre. En Estados Unidos y en muchas otras partes en el mundo, el pueblo de Dios es adicto a "la comodidad y al descanso". Es tiempo de sacudirnos de eso y empezar a hacer lo que Él nos ha pedido, sin importar el costo.

No podemos esperar cosechas importantes en nuestras vidas si sembramos semillas de desobediencia. Fiel a la promesa de Dios, Abraham llegó a ser el padre de muchas naciones, y el padre del Antiguo Testamento. Tomando en cuenta la cantidad de habitantes en la tierra en esa época, yo diría que fue un gran honor para Abraham.

En la Biblia hay ejemplos fundamentales de las cosas que algunas personas hicieron para ser fieles a Dios. Fue un cambio radical para Ester renunciar a los planes que ella tenía para su vida y arriesgarlo todo cuando se presentó ante el rey sin haber sido invitada. Ella lo hizo por una buena razón, y lo hizo en obediencia; por lo tanto Dios le dio favor, y ella fue un instrumento para salvar a la nación de un desastre.

Fue algo radical que Daniel continuara orando tres veces al día con sus ventanas abiertas, después que se le había advertido que lo pondrían en el foso de los leones si lo hacía. Él dio un paso fundamental de obediencia y sobrevivió a tres reyes, todos los cuales pusieron a Daniel en un lugar más importante.

Fue algo radical que el apóstol Pablo volviera a predicar el evangelio entre la gente que él había perseguido. Pablo podría haber tenido temor de ser atacado por ellos. Él se convirtió en el esclavo en cadenas de Jesucristo y dicho en sus propias palabras, *preso suyo* (2 Timoteo 1:8). Pablo escribió aproximadamente dos tercios del Nuevo Testamento por revelación directa de parte de Dios. Vemos como Dios prosperó sus pasos de obediencia radical y de sacrificio personal. Cuando Dios lo llamó, él era un fariseo muy respetado que disfrutaba de prestigio personal y de comodidad. Sus pasos de obediencia muchas veces lo llevaron a tener hambre, a ser perseguido, a tener frío, a ser golpeado, y a ser encarcelado. Sin embargo él conocía el secreto de mantenerse de pie por dentro, y su confianza apacible en Dios lo sostuvo hasta el fin de su vida.

Pablo hizo una poderosa declaración cuando dijo: *Pero de ninguna cosa hago caso, ni estimo preciosa mi vida para mí mismo, con tal que acabe mi carrera con gozo...* (Hechos 20:24). Ese debería ser también nuestro testimonio, como se nos dice en la Palabra de Dios.

## TERMINA LO QUE EMPEZASTE

> *Porque somos hechos participantes de Cristo [el Mesías], con tal que retengamos firme hasta el fin nuestra confianza del principio.*
>
> Hebreos 3:14

> *No perdáis, pues, vuestra confianza, que tiene grande galardón.*
>
> Hebreos 10:35

> *Pero deseamos [fuertemente e insistentemente] que cada uno de vosotros muestre la misma solicitud hasta el fin, para plena certeza de la esperanza.*
>
> Hebreos 6:11

Todos los versículos presentados más arriba, son dignos de ser tomados con seriedad y de que meditemos en ellos. A Dios no le interesa que empecemos cosas que nunca terminamos. Es fácil empezar, pero se necesita valentía para terminar. Cuando empezamos algo nuevo siempre estamos entusiasmados. Nuestras emociones y las de los demás nos apoyan. Cuando esas emociones se van nos quedamos con un trabajo duro, y con la necesidad de una paciencia muy grande, y así descubrimos quien realmente tiene lo necesario para tener éxito.

Para Dios nunca tendremos éxito si nos detenemos a medio camino. ¡Él quiere que terminemos y que lo hagamos con gozo!

Si recientemente has sido tentado a rendirte, ¡no lo hagas! Si no terminas lo que estás haciendo, enfrentarás muchos desafíos en la próxima tarea que empieces.

Muchas personas pasan sus vidas empezando cosas nuevas y nunca terminan nada. Tomemos la decisión de ser más que un simple dato estadístico que nunca alcanza su potencial.

Podemos empezar por fe, pero se supone que debemos vivir por fe y para fe (Romanos 1:17). Dicho en otras palabras tendremos muchos momentos bajos a lo largo del camino, que requerirán más fe cada vez. Dios siempre nos está levantando, ¡nunca retrocede, nunca desciende! Él siempre nos llama a ir más alto. Debemos dejar la vida plana, y dirigirnos a lugares más altos. Debemos vivir por fe y para fe, y no por fe y para dudas y para incredulidad y para después volver a una fe más pequeña.

## POR FE Y PARA FE
## POR GLORIA Y PARA GLORIA

*Mas el justo vivirá por fe; [Mi siervo justo vivirá por su convicción acerca de la relación del hombre con Dios, y acerca de las cosas divinas, y por un fervor santo nacido de la fe y unido a ella] y si retrocediere, no agradará a mi alma.*

Hebreos 10:38

Si tú y yo queremos avanzar hacia nuevos niveles de gloria, debemos empezar por avanzar hacia nuevos niveles de fe. Si recordamos que la fe es tener confianza en Dios, podemos decir que necesitamos alcanzar niveles nuevos de confianza. Debemos tener confianza en cada área de la vida.

Dios ha tenido que trabajar conmigo para lograr que yo tenga confianza en mi don de la enseñanza. Siempre me recuerda que tenga confianza cuando estoy en el púlpito y que esté alerta acerca de esos pensamientos de inseguridad que vienen a mi mente mientras predico. Necesito alejarme del púlpito con confianza en lo que voy a hacer después. Debo tener confianza en las relaciones, en la oración, cuando conduzco mi automóvil, cuando tomo decisiones; es decir, debo estar confiada en cada aspecto de mi vida diaria y ministerio.

Dios me ha dicho que, después de haber estado orando por una hora no salga preguntándome si oré el tiempo suficiente o si oré por las cosas correctas. Él me ha mostrado que debo hacer las cosas con confianza y seguir confiando después de que las he terminado.

Con frecuencia he hecho cosas por las cuales me sentí bien, hasta que Satanás empezó a acusarme después de que las había terminado. Finalmente me di cuenta de que si estaba haciendo algo equivocado, Dios me lo diría antes de que lo hiciera, y no después cuando ya no podía hacer nada al respecto.

Debemos dar un paso de valentía y declarar: "Creo que escucho a Dios. Creo que estoy siendo guiada por Su Espíritu. Creo que tomo buenas decisiones. Creo que tengo una vida de oración poderosa. Creo que le agrado a la gente, y que Dios me da favor".

Este tipo de valentía no quiere decir que nunca cometamos errores. Cometer errores no es lo peor, siempre y cuando aprendamos de ellos. Nos concentramos demasiado en lo negativo y muy poco en lo positivo.

Estoy segura de que cometo errores, de que no escucho a Dios en la forma correcta. Dios me dijo hace mucho tiempo: "Joyce, no te preocupes por eso, si no me ves yo te encontraré".

En vez de preocuparnos por lo que podamos estar haciendo mal, debemos continuar poniéndonos de pie por dentro y proseguir con firmeza a hacer algo correcto. Podemos tener tanto miedo de cometer un error que al final no hacemos nada.

La Biblia dice que el justo debe vivir por fe, o confianza. Vamos a intercambiar estas palabras para hacer más práctico el mensaje. A veces la fe parece algo tan espiritual que no sabemos cómo aplicarla en forma práctica. Me ayuda pensar en ella en términos de confianza en Dios. Entonces, la fe es confianza, y confianza es fe.

A Dios no le gusta cuando tú y yo perdemos nuestra confianza. ¿Por qué? Porque se entristece debido a lo que perdemos. Dios se pone triste si perdemos nuestra confianza y dejamos que Satanás nos robe aquello por lo cual Cristo vino a morir para que lo tuviéramos. Dios ya hizo su parte, ahora quiere que hagamos la nuestra, la cual es creer —poner nuestra confianza en Él y en Su palabra y vivir por fe y para fe, para que Él pueda llevarnos por gloria y para gloria.

## EXTREMADAMENTE, ABUNDANTEMENTE, MÁS ARRIBA, MÁS LEJOS

> *Dios es poderoso para hacer todas las cosas [llevar a cabo Su propósito] mucho más abundantemente de lo que pedimos o entendemos [mucho más allá de nuestras oraciones, deseos, pensamientos, esperanzas o sueños]...*

> Efesios 3:20

Cuando oro o simplemente medito por todas las personas que están sufriendo, siento un fuerte deseo de ayudarles a todas. A veces siento que mi deseo es más grande que mi habilidad para hacerlo, y lo es —¡pero no es más grande que la habilidad de Dios!

Cuando las cosas que estamos enfrentando en nuestra vida y ministerio parecen demasiado grandes ante nuestros ojos que hace que nuestras mentes "se ladeen", debemos *pensar en el espíritu*. En el plano natural, muchas cosas parecen imposibles; pero en el sobrenatural, en el reino espiritual, con Dios nada es imposible. Dios quiere que creamos en grandes cosas, que hagamos grandes planes y que esperemos que Él haga cosas tan grandes que nuestras bocas se abran de asombro. Santiago 4:2 nos dice que ¡no recibimos porque no pedimos! Debemos ser osados para pedir.

A veces en mis reuniones personas se acercan adelante para orar y tímidamente preguntan si pueden pedir por dos cosas. Yo les respondo que pueden pedir a Dios todo lo que quieran, siempre y cuando confíen en que Él lo hará a su manera y en Su tiempo.

Cuando ores, hazlo de pie por dentro. Lo que quiero decir es, hazlo con respeto, pero con decisión y valentía a la vez. No ores con temor, y no ores simplemente por orar.

Cuando me escucho a mí misma y a otros orar, me parece que frecuentemente decimos: "Señor, si tú *solamente* hicieras esto o aquello...", "Dios, si tú *solamente* me liberaras en esta área...", "Padre, si tú *solamente* me dieras un aumento en mi salario o me ascendieras en mi trabajo...", " Maestro, *solamente* te pedimos ayuda en esta área".

Sé que parte de eso es un hábito, pero creo que va más allá de eso. Muchas personas dicen cosas como esas en sus oraciones, y dudo que todos tengan el mismo hábito. Creo que proviene de una actitud muy enraizada en nosotros de que Dios realmente no quiere hacer mucho por *un perro muerto o una langosta como nosotros*, por lo tanto no debemos pedir mucho —sino apenas lo que podamos conseguir.

"*Solamente* haz esto o lo otro" suena como si estuviéramos hablando con alguien que hace las cosas en una forma mezquina, o con alguien que no tiene mucho poder. Nuestra oración es: "Si Tú *solamente* hicieras esto, no te pediríamos nada más". Nos hace parecer como personas que realmente no esperan demasiado, y que si *solamente* pudiéramos obtener esa cosa estaríamos satisfechos.

Recuerdo que Dios dijo que era el Dios *Todopoderoso* (Génesis 17:1), en otras palabras, "más que suficiente". La Biblia dice que Abraham era extremadamente rico, no que solamente estuviera sobreviviendo (Génesis 13:2). David era tan rico que preparó *para la casa del Señor cien mil talentos de oro, y un millón de talentos de plata...* (1 Crónicas 22:14) y más todavía.

Dios regularmente promovía a personas comunes y corrientes, a posiciones que nunca habrían obtenido por sí mismos. La misma palabra *prosperidad* indica tener más de lo que se necesita. Dios quiere que prosperemos en cada área, no solamente económicamente. También quiere que tengamos prosperidad social, física, mental y espiritual.

Piénsalo. Dios quiere que tengamos tantas invitaciones para ministrar que tengamos que elegir entre ellas. No es la voluntad de Dios que su gente esté aburrida y sola. Quiere que disfrutemos de buen compañerismo. Desea que estemos muy bien físicamente, no que estemos simplemente cargando nuestros cuerpos cada día. Desea que seamos llenos de vida y energía, que disfrutemos de la vida al máximo. También quiere que estemos mentalmente despiertos, que tengamos buenos recuerdos, y no que estemos viviendo confundidos y preocupados.

Podrías estar pensando: "Bueno, si esa es la voluntad de Dios, ¿por qué no tengo todas esas cosas en mi vida?"

Quizás no hayas estado pidiendo suficiente. Quizás cuando oras, no lo haces con valentía, de pie por dentro. No pidas solamente oraciones típicas; pide todo lo que te *atrevas* a pedir, pensar, o desear.

Cuando oro por oportunidades para ministrar a la gente, sigo orando, pidiendo que pueda ayudar a cada persona en la tierra. Yo sé que suena muy grande, pero en Efesios 3:20, Dios nos desafía a pedir cosas grandes.

Siempre declaro que nuestro programa televisivo *Life in the Word* (Vida en la Palabra), se vea cada día, en cada nación, en cada cuidad, y en cada pueblo. A través del satélite, esa visión está haciéndose realidad cada día.

Cuando nuestros deseos parecen demasiado grandes, y no vemos cómo realizarlos, debemos recordar que, aunque no conocemos el camino, ¡conocemos a la Persona que hace los caminos! Trataré el tema de la confianza en la oración más adelante en otro capítulo.

Dios tiene un camino para que nosotros hagamos todo lo que Él coloca en nuestros corazones. Él no coloca sueños y visiones en nosotros, sólo para frustrarnos. Debemos mantener la confianza hasta el final, y no rendirnos cuando la montaña parece demasiado grande.

Nadie sabe lo que la gente puede hacer —gente que da la *impresión* de no poder hacer nada. Dios normalmente no llama a la gente que parece capaz. Si lo hiciera, Él no recibiría la gloria. Frecuentemente elige a las personas que naturalmente sienten que están en algo más grande que ellas, pero que están dispuestas a ponerse de pie por dentro y dar pasos valientes de fe, mientras reciben las indicaciones de Dios.

Queremos esperar hasta que nos sintamos *listos*, antes de dar el paso, pero si nos sentimos listos, entonces tendemos a apoyarnos en nosotros mismos, y no en Dios.

Conoce tus debilidades y conoce a Dios —conoce Su poder y su fidelidad. Sobre todo, no te rindas.

Hebreos 10:38,39 nos da instrucciones acerca de cómo Dios ve a las personas que se rinden, a los miedosos y a los que no terminan lo que comienzan.

*Y si retrocediere, no agradará a mi alma. Pero nosotros no somos de los que retroceden para perdición, sino de los que tienen fe para preservación del alma.*

He decidido no rendirme. En Colosenses 3:2, el apóstol Pablo nos dice que debemos decidirnos y mantenernos firmes. No digas cosas como: "Es demasiado difícil"; "No puedo hacer esto"; "No llegaré". En cambio, proclama: "Todo lo puedo en Cristo, que me fortalece. Estoy listo para cualquier cosa. Soy capaz para cualquier cosa, por causa de Él que me infunde fuerza interior. Soy suficiente en Su suficiencia" (Filipenses 4:13).

## DEL POZO AL PALACIO

> *Sucedió, pues, que cuando llegó José a sus*
> *hermanos, ellos quitaron a José su túnica*
> *[distintiva], la túnica de colores que tenía sobre sí; y*
> *le tomaron y le echaron en la cisterna [pozo]; pero la*
> *cisterna estaba vacía, no había en ella agua.*
>
> Génesis 37:23,24

> *Y dijo Faraón a José: Pues que Dios [tu Dios] te*
> *ha hecho saber todo esto, no hay entendido ni*
> *sabio como tú. Tú estarás sobre mi casa, y por tu*
> *palabra se gobernará todo mi pueblo [con*
> *reverencia, sumisión y obediencia]; solamente en*
> *el trono seré yo mayor que tú.*
>
> Génesis 41:39,40

Un pozo es una brecha, una trampa, un truco. Se refiere a la destrucción. Satanás siempre quiere llevarnos al pozo.

Sabemos según la Escritura que José fue vendido como esclavo por sus hermanos que lo odiaban. Literalmente, lo tiraron en la cisterna y pensaban dejarlo allí para morir, pero Dios tenía otros planes. Terminaron vendiéndolo a los traficantes de esclavos, y llegó a ser esclavo de un gobernador rico en Egipto. Aunque fue vendido como esclavo, no tenía mentalidad de esclavo. Creía que podía hacer grandes cosas.

Donde sea que fuera José, Dios le dio favor. Encontró favor aun en la cárcel, donde pasó muchos años por una ofensa que no cometió. Finalmente, terminó en el palacio, siendo el segundo al mando después de faraón, gobernador de todo Egipto.

¿Cómo llegó José al palacio? Creo que fue por mantenerse positivo, rehusando la amargura, confiando firmemente en Dios. Aunque parecía que estaba derrotado en muchas ocasiones, siguió de pie por dentro.

José tenía una buena actitud. Sin la actitud correcta, alguien puede comenzar en el palacio y terminar en el pozo, lo que normalmente sucede a muchas personas. Algunos tienen buenas oportunidades, pero no hacen nada con sus vidas, mientras otros empiezan mal y superan todos los obstáculos y logran el éxito.

José era soñador; hacía planes grandes (Génesis 37:5-10). El diablo no quiere que tengamos sueños ni visiones acerca de cosas mejores. Quiere que estemos sentados, sin hacer nada.

Te desafío a decidirte ahora mismo a hacer algo grande para Dios. *No importa donde empiezas, puedes terminar bien.* Si la gente te ha tratado mal, y ha abusado de ti, no pierdas el tiempo tratando de vengarte —deja a esas personas en las manos de Dios, y confía en Él para hacer la justicia en tu vida.

Debes saber lo que quieres en la vida, lo que deseas hacer. ¡Que no sea algo vago! Ser confiado significa ser valiente, abierto, sencillo y directo —eso no suena como alguien poco claro, tímido, miedoso, que no está seguro de nada. Decide dejar tus huellas en este mundo. Cuando te vayas de esta tierra, la gente debe saber que estuviste aquí.

Cada vez que invierto cientos de horas en un proyecto de un libro, creo que la gente estará leyendo el libro mucho tiempo después de que haya abandonado esta tierra. Creo que la gente estará viendo mis videos y escuchando mis casetes, cincuenta años, cien años, quizás varios siglos desde ahora, si el Señor no vuelve. Creer eso me da energía para el trabajo involucrado en cada proyecto. Quiero dejar un legado aquí en la tierra cuando vuelva a casa a estar con el Señor.

Ahora, hablemos de un hombre en la Biblia que perdió la confianza. Esta es una de mis historias favoritas en la Palabra de Dios.

## ¡NO TE QUEDES ALLÍ EN EL SUELO, HAZ ALGO!

*Después de estas cosas había una fiesta de los judíos, y subió Jesús a Jerusalén. Y hay en Jerusalén, cerca de la puerta de las ovejas, un estanque, llamado en hebreo Betesda, el cual tiene cinco pórticos [puertas, entradas]. En éstos yacía una multitud de enfermos, ciegos, cojos y paralíticos [atrofiados], que esperaban el movimiento del agua. Porque un ángel descendía de tiempo en tiempo al estanque, y agitaba el agua; y el que primero descendía al estanque después del movimiento del agua, quedaba sano de cualquier enfermedad que tuviese. Y había allí un hombre que hacía treinta y ocho años que estaba enfermo. Cuando Jesús lo vio acostado [sin ayuda], y supo que llevaba ya mucho tiempo así, le dijo: ¿Quieres ser sano? [¿En verdad lo deseas?] Señor, le respondió el enfermo, no tengo quien me meta en el estanque cuando se agita el agua; y entre tanto que yo voy, otro desciende antes que yo. Jesús le dijo: Levántate, toma tu lecho [colchón], y anda. Y al instante aquel hombre fue sanado, y tomó su lecho, y anduvo. Y era día de reposo aquel día.*

Juan 5:1-9

¿Por qué había estado acostado allí este hombre durante treinta y ocho años? Era porque estaba enfermo, no solamente en cuerpo, pero también en alma. Las enfermedades del alma son peores, y más difíciles de tratar, que las enfermedades del cuerpo. Creo que su condición [cuerpo y alma] había robado su confianza. Sin tener confianza, nunca trató de hacer nada, por lo menos no en forma agresiva.

Fíjate que, cuando Jesús le preguntó si quería sanarse, su respuesta fue: "Señor, no tengo a nadie para ayudarme a bajar al agua. Alguien siempre me gana". Tengo que creer que en treinta y ocho años, podría haber llegado a la orilla del pozo, y podría haber caído en el agua cuando el ángel venía a mover las aguas.

Los que han perdido su confianza normalmente llegan a ser pasivos, incluso flojos. Creen que no pueden hacer nada, así que quieren que otros hagan todo por ellos.

Jesús no quedó parado, sintiendo lástima por él. En cambio, le dio instrucciones específicas. "¡Levántate! ¡Toma tu lecho y anda!" En otras palabras: *No te quedes allí acostado, ¡haz algo!*

¿Tienes una aflicción física que te hace sentir inseguro? ¿Estás permitiendo que las circunstancias roben tu iniciativa? ¿Te falta confianza porque eres soltero, o porque no tienes una educación universitaria? ¿Tienes lástima de ti mismo, en vez de ponerte de pie por dentro y resolver superar cada obstáculo?

Jesús sabía que sentir lástima de sí mismo no iba a liberar al hombre, así que no le tenía lástima. Le tenía compasión, pero eso es diferente a la lástima emocional. Jesús no era duro, ni cruel —¡estaba tratando de liberar al hombre!

Sentir lástima de sí mismo puede ser un problema. Yo sé, por qué viví con lástima de mí misma durante muchos años, y fue un problema para mí, mi familia, y el plan de Dios para mi vida. Dios por fin me dijo que podía tener lástima de mí misma o podía ser poderosa, pero no las dos cosas. Si quería ser poderosa, tenía que dejar de lado la lástima de mí misma.

Como José, sentí que me había echado en un pozo. El hecho de haber sido abusada sexualmente durante aproximadamente quince años, y de haber sido criada en un hogar disfuncional, me había dejado sin confianza y llena de culpa. Quería estar en el palacio [tener cosas buenas en mi vida], pero parecía estar atrapada en el pozo [de desesperación y tortura emocional].

"¿Por qué yo, Dios?" era el grito de mi corazón, y me llenaba los pensamientos y afectaba mi actitud diariamente. Esta mente atormentada y esta actitud derrotista me causaban rencor, y esperaba que los demás me solucionaran mis problemas. Sentí que me debían algo por la manera en que me habían tratado, pero estaba buscando ser recompensada por las personas, cuando debía mirar a Dios.

Como el hombre en Juan 5, Jesús no me tenía lástima tampoco. En realidad fue firme conmigo —pero fue un momento de cambio en mi vida. Ya no estoy en el pozo— y tengo una gran vida. Como Lázaro cuando salió de la tumba, sacudí la ropa de entierro y empecé a ponerme de pie por dentro.

## ¡SACA LA ROPA DE ENTIERRO!

*Y habiendo dicho esto, clamó a gran voz: ¡Lázaro, ven fuera! Y el que había muerto salió, atadas las manos y los pies con vendas, y el rostro envuelto en un sudario. Jesús les dijo: Desatadle, y dejadle ir.*

Juan 11:43,44

Cuando Jesús llamó a Lázaro de la tumba, dijo: "Lázaro, ¡ven fuera!" Después dijo algo más: "Desatadle".

Muchas personas han nacido de nuevo, y han sido resucitados a una vida nueva, pero no han entrado en esa vida, porque todavía tienen la ropa de entierro puesta.

Sé firme. Toma una decisión. Fija tu mente, ponte de pie por dentro, y puedes ir del pozo al palacio.

## ¿QUIERES SER SANO?

*Y había allí un hombre que hacía treinta y ocho años que estaba enfermo [sin ayuda]. Cuando Jesús lo vio acostado, y supo que llevaba ya mucho tiempo así, le dijo: ¿Quieres ser sano [deseas sinceramente ser sanado]?*

Juan 5:5,6

Si tú y yo queremos ser sanos [liberarnos del pasado], debemos hacer las cosas como Dios quiere. Tengo mucha compasión por la gente que lee este libro —por ti— y te digo lo mismo que Dios me dijo:

*¡Puedes ser patético o puedes ser poderoso!*

Deja de comparar tus circunstancias con las de otro que está en mejor situación que tú. Busca a alguien que está peor que tú, y te sentirás mejor. Mira a alguien que está en mejor situación que tú, solamente para tener una visión acerca de dónde puedes estar, y no para compararte con él. Ponte de pie por dentro, y di a ti mismo: "Dios no hace acepción de personas; si hizo cosas buenas para esta gente, entonces hará lo mismo para mí".

No dejes que tus pensamientos sean negativos, y habla positivamente acerca de tu futuro. Cuando encuentres que es necesario hablar del pasado desagradable, siempre di: "Dios lo encaminará para mi bien".

## ¡SACÚDETELO!

*Entonces, habiendo recogido Pablo algunas ramas secas, las echó al fuego; y una víbora, huyendo del calor, se le prendió en la mano. Cuando los naturales vieron la víbora colgando de su mano, se decían unos a otros: Ciertamente este hombre es homicida, a quien, escapado del mar, la justicia no deja vivir. Pero él, sacudiendo la víbora en el fuego, ningún daño padeció.*

Hechos 28:3-5

Cuando Pablo y sus compañeros de viaje estaban náufragos en la isla de Malta, él estaba recogiendo ramas para hacer un fuego y secarse, cuando le mordió una culebra que salió de las llamas. La Bibia dice que simplemente la sacudió y cayó en el fuego. Tú y yo debemos hacer lo mismo —también debemos ser valientes interiormente, y sacudirla.

Lo que sea que te molesta de tu pasado, ¡sacúdelo! Dios tiene un gran futuro planificado para ti. Los sueños del futuro no tienen lugar para las picaduras de culebra del pasado.

Estoy tratando de hacer un fuego en ti que no se apagará nunca. Sacúdete y rehúsa tener un espíritu de frialdad y de muerte. Lucha con esos pensamientos negativos que te tienen preso. Jesús quiere sanarte. No quiere arreglar una parte de ti, sino sanarte enteramente: cuerpo, emociones, boca, mente, actitud, voluntad, y espíritu.

Jesús ayudó al hombre de Juan 5 en más de un área. Le ayudó con aspectos de su alma, antes de que sanara su cuerpo. Si tenemos enfermedad en el alma, se manifestará en nuestros cuerpos de alguna manera. Podemos recibir sanidad en un área, y tener un problema en otra. Tenemos que llegar a la raíz de nuestros problemas.

Dios quiere sanarte, totalmente. No estés satisfecho con nada menos. Sigue adelante hasta que se sane cada área de tu vida.

Dios está de tu lado, y si Él está contigo, realmente no importa quién sea que esté en contra. Los gigantes serán grandes, pero Dios es más grande. Tú tendrás debilidades, pero Dios es fuerte. Tendrás pecado en tu vida, pero Dios tiene gracia. Fallarás, ¡pero Dios sigue fiel!

¿Quieres ser sano? Si es así, examina cada actitud y cualquiera que no esté de acuerdo con la Palabra de Dios — ¡elimínala!

## ¡PERSISTE EN LA FE!

*...Pero cuando venga el Hijo del Hombre, ¿hallará fe [persistente] en la tierra?*

Lucas 18:8

Debemos tratar duramente con la carne —no dejar que gobierne. Cuando vuelva Jesús, quiere encontrarnos con fe [confianza], no con lástima de nosotros mismos, amargura, miedo, o desánimo.

En este pasaje de Lucas, Jesús pregunta: :"Cuando venga el Hijo del Hombre, ¿hallará fe en la tierra?" Dios está contento con nosotros mientras seguimos creyendo. Nuestra tarea es mantener nuestra confianza en un nivel alto.

¿Tomarás una decisión de empezar a vivir por fe y para fe, por confianza y para confianza? Si es así, Santiago 4:10 te asegura que *te exaltará y hará que tu vida sea significante.*

¿Amas ese pasaje? Satanás lo odia, pero yo lo amo. ¡Aleluya! Él te exaltará y dará significado a tu vida. Créelo, y recíbelo, y ten confianza que así sucederá.

# 11

&

## *La condenación destruye la confianza*

# 11
# LA CONDENACIÓN DESTRUYE LA CONFIANZA

**Amados, si nuestro corazón no nos reprende [si no nos hace sentirnos culpables, y no nos condena], confianza tenemos [seguridad valentía total] en Dios...**

**1 JUAN 3:21**

Para ser valiente, uno tiene que ser confiado. Hemos establecido el hecho de que la confianza es vital para el éxito. Todos desean ser confiados, pero muchos, quizás la mayoría, tienen serios problemas en esta área. ¿Por qué? Hay muchas razones: un pasado de abuso, una baja autoestima, falta de entender el amor de Dios, rechazo de parte de su familia y de sus compañeros, etcétera. Pero creo que una de las razones más grandes es la condenación.

Hemos hablado del problema de la condenación en otra parte del libro, pero tenemos que dedicar un capítulo entero al tema, porque muchas vidas han sido destruidas por ella.

## ¿QUÉ ES LA CONDENACIÓN?

> *Ahora, pues, ninguna condenación hay para los que están en Cristo Jesús, los que no andan conforme a la carne, sino conforme al Espíritu.*
>
> Romanos 8:1

En la concordancia, *Strong's Exhaustive Concordance of the Biblia*, la palabra griega traducida *condenación* en este versículo significa "sentencia adversa".[1]

El diccionario bíblico, *Vine's Expository Dictionary of Old and New Testament Words*, nos dice que el sustantivo *krima*, traducido *condenación*, "denota (a) 'la sentencia pronunciada, un veredicto, una decisión que resulta de una investigación".[2]

La palabra traducida *condenar* en varios pasajes del Nuevo Testamento significa "anotar en contra, es decir, encontrar en error —culpar",[3] "juzgar en contra",[4] "declarar culpable",[5] "castigar, condenar".[6]

A la luz de Romanos 8:1, ¿es esto una actividad que debemos hacer como cristianos —especialmente contra nosotros mismos?

## LA AUTOEVALUACIÓN EXCESIVA

*Examinaos a vosotros mismos si estáis en la fe; probaos a vosotros mismos. ¿O no os conocéis a vosotros mismos, que Jesucristo está en vosotros...?*

2 Corintios 13:5

La Biblia dice que debemos examinarnos, y estoy totalmente de acuerdo que es necesario. Debemos examinarnos para ver si tenemos pecado, y si lo hay debemos arrepentirnos, y seguir adelante para vivir sin ese pecado en nuestras vidas.

Pero hay una gran diferencia entre la evaluación y la autocondenación. La evaluación nos ayuda a probar a nosotros mismos que estamos en Cristo, que Él está en nosotros, y que en Él hemos sido liberados del pecado. La condenación nos mantiene atascados en el mismo pecado que nos hace sentir condenados. No nos libera —¡nos atrapa! Nos debilita y nos saca toda la fuerza espiritual. Gastamos nuestra energía sintiéndonos condenados, en vez de vivir en santidad.

La autoevaluación excesiva existe, y yo personalmente creo que abre la puerta para mucho del desequilibrio que vemos hoy en día entre los hijos de Dios.

Ser demasiado introspectivo, examinando cada paso, abre la puerta a Satanás. En el pasado, experimenté varios problemas en esta área, y sé con certeza que tú y yo no podemos lograr ser nosotros mismos hasta que el problema sea tratado entera y completamente.

Puedo recordar cuando encontré algo malo en casi todo lo que hacía. O Satanás me acusaba, o yo le hacía fácil su trabajo, haciéndolo yo misma. Si pasaba tiempo con mis amigas, al alejarme de ellas, siempre encontraba algo malo con lo que había dicho o hecho. Entonces comenzó el ciclo de culpa, esos sentimientos de condenación que siempre siguen al autoexamen y traen un juicio adverso. Yo lo llamo un ciclo porque cuando seguimos este tipo de esclavitud en nuestras vidas, se repite una y otra vez. Apenas nos recuperamos de un incidente, cuando otro surge.

Cuando oraba, nunca sentía que hubiera orado correctamente o suficiente tiempo. Cuando leía mi Biblia, sentía que debería haber leído más, o quizás otra sección. Si leía un libro que Dios estaba usando para ayudarme, y no leía primero la Biblia, me sentía condenada porque "probablemente debería haber leído primero la Biblia, y no otro libro". Cuando iba de compras, me sentía culpable por gastar demasiado dinero, o por comprar algo que no era de primera necesidad. Cuando comía, sentía que había comido demasiado, y que había comido mal. Cuando disfrutaba de algún entretenimiento, sentía que debería estar trabajando.

Aunque algunos de estos sentimientos eran vagos, aún así me torturaban y me debilitaban. Estaban destruyendo mi confianza, y creo firmemente que Satanás utiliza el mismo tipo de estrategia para destruir la confianza de muchas personas.

Mi marido nunca tuvo este tipo de sentimiento. Casi nunca se sentía culpable. Simplemente manejaba los asuntos de su vida con oración, arrepentimiento, y fe en la Palabra de Dios. No se sentía culpable cuando cometía errores, y yo no podía entender eso. No quiero decir que no estuviera arrepentido, pero no se sentía culpable y condenado. Conocía la diferencia entre convicción y condenación, pero yo no.

No quedaba evaluándose todo el día. Había veces cuando le dije: "Dave, no debiste hablar con esa gente en ese tono de voz. Quizás les ofendiste". Su respuesta era: "Joyce, no estaba tratando de ofenderles —simplemente estaba expresándome. Si se ofendieron, es su culpa, no la mía".

En tales circunstancias, no sentía convicción en su corazón. Según su modo de pensar, su corazón estaba bien, y no creía que debiera pasar su vida siendo responsable por las reacciones emocionales y los problemas personales de los demás.

Esto no significa que Dave no quiera a la gente. Ama mucho a las personas, pero no va a dejar que su hipersensibilidad y su inseguridad lo controlen. Orará por ellas, pero no será controlado por ellas.

*¡Esa es libertad verdadera!*

Yo, en cambio, vivía con un sentido falso de responsabilidad. No solamente me sentía demasiado responsable por todo lo que yo hacía o por lo que podría haber hecho mal, sino que también me sentía responsable por las reacciones de todos los demás. En mi ministerio frecuentemente me encontraba tratando con gente insegura, gente herida emocionalmente. Mi personalidad valiente y directa no siempre hacía buena combinación con sus heridas. Actuaba como yo misma, y la gente se sentía herida u ofendida. Cuando me daba cuenta de que había algo malo, me sentía condenada.

Quizás actuaban en forma extraña conmigo, o quizás otra persona me decía que les había ofendido, y volvía a mi ciclo de nuevo. Pensaba: "No actué bien. Se ofendieron y es mi culpa. Tengo que cambiar. Trato y trato, pero siempre cometo los mismos errores, una y otra vez". Y llega el momento para sentirme condenada. Siempre pensaba que había algo malo en mí —¡siempre era yo!

Mi marido, quien era, y es, seguro, tenía una perspectiva equilibrada acerca de estos asuntos. No quería herir a la gente, pero a la misma vez sabía que no podía ser algo que no era. Se dio cuenta de que el mundo estaba lleno de todo tipo de personas, y no todas van a responder favorablemente. Sabía que si asumía la responsabilidad por todas sus reacciones, le robaría la vida que Jesús le proveyó con su muerte.

Esto no significa que podamos tratar a la gente como nos da la gana y después simplemente lavarnos las manos del asunto, diciendo: "Si tienen un problema, es su culpa". Si Dios nos convence de mala conducta, debemos arrepentirnos y dejar que nos ayude a cambiar. Pero si no hay convicción de Dios, y simplemente estamos recibiendo una condenación satánica por causa de nuestra falta de confianza, entonces debemos resistir eso, o estaremos en una cárcel espiritual toda nuestra vida.

Después de años de sufrimiento, por fin experimenté libertad en estas áreas. Las fortalezas que han estado en nuestras vidas mucho tiempo no salen fácilmente. Tenemos que buscar nuestra libertad y rehusar rendirnos hasta que veamos la victoria que Dios promete en Su Palabra.

Debemos aprender a escuchar nuestro corazón y no a nuestra cabeza y a nuestros sentimientos. Dave escuchaba su corazón, y yo escuchaba mi cabeza y mis sentimientos —por eso él disfrutaba de la vida, y yo no.

## ¿CONVICCIÓN O CONDENACIÓN?

> *Y cuando él venga, convencerá al mundo de pecado, de justicia [integridad de corazón, y aceptación de parte de Dios] y de juicio.*

Juan 16:8

Jesús dijo a los discípulos que cuando viniera el Espíritu Santo, tendría un ministerio íntimo y personal con ellos.

Una de las responsabilidades del Espíritu Santo es guiar a los creyentes a la verdad. También es el agente santificador en la vida de los creyentes. Esto lo logra en parte con sus poderes de convicción.

En otras palabras, cuando estamos saliendo del camino, y cuando vamos en la dirección equivocada, el Espíritu Santo nos convence de que nuestra conducta o nuestra decisión es incorrecta. Esto lo logra con una convicción en nuestro espíritu de que lo que estamos haciendo no está bien.

Cuando tú y yo sentimos esta convicción, debemos arrepentirnos y cambiar el rumbo. Nada más, y nada menos, es aceptable. Si sabemos cómo hacerlo, y si estamos dispuestos a cooperar con el Espíritu Santo, podemos avanzar en nuestra madurez espiritual, liberando todas las bendiciones que Dios había planificado para nuestras vidas. Sin embargo, si ignoramos esta convicción y seguimos nuestro camino, encontraremos que el camino es muy duro y difícil. Nuestras vidas no tendrán bendiciones, y por lo tanto no tendrán fruto.

Satanás no quiere que recibamos esta convicción, tampoco que la entendamos. Siempre tiene una falsificación de todas las cosas buenas que Dios ofrece —algo similar a lo que Dios ofrece, pero algo que nos destruirá si lo recibimos, en vez de traernos bendición.

Creo que la falsificación de Satanás por la convicción sana es la condenación. La condenación siempre produce sentimientos de culpa. Nos hace sentir desanimados en todo sentido. Sentimos como si tuviéramos algo pesado encima, y eso es justamente lo que quiere Satanás.

Dios, en cambio, envió a Jesús para liberarnos, y darnos justicia, paz, y gozo (Romanos 14:17). Nuestros espíritus deben estar livianos y libres de preocupación, no oprimidos y pesados con cargas que no podemos soportar. No podemos cargar con nuestros pecados; Jesús vino a cargarlos. Sólo Él puede hacerlo, y debemos recibir Su ministerio.

Pasé años sin entender la diferencia entre la convicción y la condenación. Cuando sentía la convicción por mis acciones equivocadas, en vez de arrepentirme y recibir la misericordia y la gracia de Dios, inmediatamente me sentía condenada y empezaba el ciclo de culpa y remordimiento.

En Juan 8:31,32, Jesús nos dice: *Si vosotros permaneciereis en mi palabra, ...conoceréis la verdad, y la verdad os hará libres* (Juan 8:31,32). Estoy tan agradecida por la verdad que me fue revelada por el Espíritu Santo que habita en mí, porque realmente me ha liberado.

Si tienes problemas en esta área, estarás pensando: "Joyce, no quiero sentirme así, pero no sé cómo parar este ciclo y empezar a gozar de la libertad". Es el ungimiento sobre la Palabra de Dios que te hará libre: *Envió su palabra, y los sanó, Y los libró de su ruina* (Salmo 107:20).

Aquí hay algunos pasajes para meditación, que aumentarán tu fe cuando te sientas atacado por sentimientos de culpa y condenación. Utilízalos como arma contra Satanás, diciéndolos en voz alta. Dile lo mismo que Jesús cuando fue atacado: "¡Escrito está!" (Ver Lucas 4:4,8; Mateo 4:7).

> *Mas él herido fue por nuestras rebeliones, molido por nuestros pecados; el castigo de nuestra paz fue sobre él, y por su llaga fuimos nosotros curados.*
>
> Isaías 53:5

> *El que en él cree [se adhiere a Él, confía en Él, descansa en Él], no es condenado [el que confía en Él no será juzgado, porque no hay rechazo ni condenación —no será castigado eternamente]; pero el que no cree [no se adhiere a Él, no confía en Él, no descansa en Él], ya ha sido condenado, porque no ha creído en el nombre del unigénito Hijo de Dios.*
>
> Juan 3:18

> *Ahora, pues, [no hay] ninguna condenación [no serán juzgados por maldad] hay para los que están en Cristo Jesús, los que no andan conforme a la carne, sino conforme al Espíritu. Porque la ley del Espíritu de vida en Cristo Jesús [la ley de mi*

*nuevo ser] me ha librado de la ley del pecado y de
la muerte.*

Romanos 8:1,2

*¿Quién acusará a los escogidos de Dios? Dios es el
que justifica [produce una relación correcta con
Él]. Quién es el que condenará? [¿Quién se atreve
a acusar o condenar a los que Dios ha elegido?]
Cristo [el Mesías] es el que murió; más aun, el que
también resucitó, el que además está a la diestra de
Dios, el que también intercede por nosotros.*

Romanos 8:33,34

*...porque ha sido lanzado fuera el acusador de
nuestros hermanos, el que los acusaba delante de
nuestro Dios día y noche.*

Apocalipsis 12:10

Permanece en la Palabra. Pasa tiempo con Dios regularmente. Rehúsa rendirte, y termina con la autoevaluación excesiva. Deja que Dios te convenza. No lo hagas tú mismo.

Los que realmente son humildes no pasan tiempo excesivo pensando en lo que hicieron bien o mal; simplemente permanecen "en Cristo".

Esto es lo que debes hacer. Deja de sentirte culpable y condenado, y ¡empieza a sentirte valiente y libre!

## VALENTÍA SANTA

*Por lo demás, hermanos míos, fortaleceos en
el Señor, y en el poder de su fuerza.*

Efesios 6:10

Como creyentes, debemos ser valientes en el Señor y en el poder de Su fuerza. A veces permitimos que un espíritu de debilidad nos conquiste. Nos ponemos cobardes y tenemos miedo de dar el paso y hacer lo que Dios nos guía a hacer y a decir. Tenemos que recordarnos regularmente que la Palabra de Dios dice que Él ... *no nos ha dado un espíritu de cobardía, sino de poder, de amor y de dominio propio* (2 Timoteo 1:7).

Personalmente me gusta la palabra *poder*. Creo que todos queremos ser poderosos. Dios tiene grandes planes para cada uno de nosotros.

*¡Dios tiene grandes planes para ti!*

Ahora te voy a contar un secreto —el temor nunca dejará de atacarnos. Tenemos que aprender a hacer lo que Dios dice, tengamos o no tengamos miedo. Tenemos que hacerlo con miedo si es necesario, pero eso es lo que significa la valentía; ¡lo haces de todas maneras!

Siempre pensaba que si tenía miedo era cobarde, pero aprendí que no era así. Cuando Dios repetía a Josué que no tuviera miedo, estaba diciendo que el miedo le iba a atacar, pero que tenía que caminar en obediencia a lo que Dios había dicho.

No somos cobardes porque sentimos miedo. Somos cobardes solamente si dejamos que el miedo controle nuestras decisiones.

Según el diccionario Vine, la palabra *fobos*, traducida *miedo*, "originalmente tenía el significado de 'huir', lo que es causado por tener miedo, o lo que puede causar a huir".[7] Dios quiere que estemos firmes en Su poder y que no huyamos.

*¡Quédate tranquilo, y haz lo que Dios dice!*

El temor es un espíritu que puede producir síntomas físicos y emocionales. Cuando el miedo nos ataca, podemos sentirnos temblorosos y débiles, o empezar a sudar. Posiblemente apenas podemos hablar o movernos. Nada de eso significa que seamos cobardes. La Palabra de Dios no dice: "¡No sudes, no tiembles!" —sino que dice: "¡No temas!" La manera de conquistar el miedo es seguir adelante a pesar de todo, y llegar al otro lado —el lado de la libertad.

Tú y yo normalmente queremos ser liberados por medios milagrosos. Queremos que algún amigo ore por nosotros para que se solucione el problema, o queremos pasar adelante en algún servicio para que el ministro haga desaparecer nuestro miedo. Eso sería bonito, pero normalmente no sucede así. Dios hace milagros, y cuando los hace, es maravilloso, pero frecuentemente tenemos que experimentar la liberación durante un proceso lento.

No pienses que eres raro si tienes que pasar por un proceso largo, y parece que nunca ves un milagro. Dios tiene planes diferentes para cada uno, y si pide que camines por este camino, entonces Él tiene Sus razones.

Seguir adelante y no huir de los problemas es una de las herramientas que Dios utiliza para causar nuestro crecimiento y prepararnos para ser utilizados por Él para ayudar a otros. Si nunca pasamos por nada, nunca lograremos una victoria personal sobre Satanás. Cuando perseveramos personalmente con Dios, cuando pasamos por momentos difíciles, cuando seguimos adelante y aprendemos a través de ellos, obtenemos una victoria que nadie puede quitarnos.

No es necesario constantemente buscar a otra persona que conoce a Dios, para ganar las victorias por nosotros. Tenemos que aprender a ser victoriosos por nosotros mismos.

Yo creo en orar el uno por el otro. Honestamente, no sé qué haría si la gente no orara por mí siempre. Creo que la oración nos anima y nos fortalece a seguir adelante y a no rendirnos. Creo en ministrar el uno al otro, pero llega un momento en que tenemos que dejar de huir de cosas difíciles y dejar que Dios haga lo necesario.

*¡Tenemos que ser valientes!*

Si eso significa enfrentar el miedo, entonces debemos atravesar el miedo y aprender lo que significa ser fuerte en el Señor y en el poder de Su fuerza.

# LA VALENTÍA VERDADERA ES MÁS QUE UNA VOZ FUERTE ─────────────

*Mejor es el que tarda en airarse que el fuerte, y el que se enseñorea de su [propio] espíritu, que el que toma una ciudad.*

Proverbios 16:32

Hay una diferencia entre hablar fuerte, siendo molestoso, y ser verdaderamente valiente en el Señor. Siempre he hablado fuerte, pero no siempre he tenido valor. Podría hablar fuerte, pero mis acciones eran frecuentemente miedosas.

Cuando alguien tiene una personalidad fuerte, otros suponen que esa persona es valiente, pero no es siempre el caso. He descubierto que muchas personas con personalidades fuertes son secretamente muy temerosas. A veces tienen una actitud agresiva que puede tapar los temores que no quieren enfrentar.

Lo que yo llamo la "valentía santa" es algo bello. Da el paso tranquilo de obediencia, y obedece sin importar el costo personal. Da la gloria a Dios y no te sobreestimes, tampoco subestimes a los demás que son menos agresivos.

Una voz fuerte y la agresividad carnal siempre llaman la atención a sí misma. Frecuentemente este tipo de persona hace su propia voluntad en vez de obedecer a Dios, y critica y juzga a las personas más reservadas, quienes también son preciosas para el Señor.

Es importante darse cuenta de que todos tenemos personalidades distintas que Dios nos ha dado. El hecho de que alguien tiene una personalidad más tranquila o reservada no significa que no puedan ser valientes. En verdad, a veces son estas personas las que son realmente valientes.

Como he dicho, yo siempre hablaba fuerte, a veces era molestosa, pero secretamente tenía miedo. Todavía tengo una personalidad fuerte, pero he cambiado. Ahora sé en qué momento debo seguir adelante con valentía, y en qué momento debo esperar, en qué momento debo hablar fuerte, y en qué momento debo quedarme callada.

Nunca funcionarán los principios divinos en nuestras vidas si no tenemos un equilibrio con ellos. No podemos tener una actitud dura y cruel, y llamarla valentía. La valentía verdadera está llena de amor y misericordia. Es fuerte cuando es necesario, pero también es considerada con los demás.

Es urgente para el plan de Dios que la iglesia manifieste una valentía santa, y que no viva secretamente con miedo y condenación, presentando una actitud falsa al mundo que no tiene ningún poder. Honestamente creo que quizás ochenta por ciento de las personas que se consideran cristianas se sienten condenadas la mayor parte del tiempo. Son pocas las personas que realmente saben que están en Cristo y andan en la seguridad de esa verdad.

La gente experimenta todo tipo de inseguridad. Vacila en tomar decisiones, porque no está segura de que ha escuchado de Dios. Duda de sí misma a tal grado que no da el paso de obediencia, haciendo lo que Dios les dirige a hacer.

Cuando se trata de gritar y hacer ruido, tiene un monopolio, especialmente los que se consideran tocados y encendidos por Dios.

Si somos realmente valientes, tenemos que controlar nuestras emociones y ser suficientemente humildes para permitir que Dios nos use, y que nos bendiga como Él desea.

## ¿SOPORTAS SER BENDECIDO? ⎯⎯⎯⎯⎯⎯⎯⎯

*¡Cuán bienaventurado [feliz, afortunado, próspero, y digno de admiración] es el hombre que no anda en consejo de los impíos [no sigue sus planes y sus propósitos], ni se detiene en el camino de los pecadores [no se somete pasivamente a ellos], ni se sienta en la silla de los escarnecedores [para*

*relajarse y descansar], sino que en la ley del
SEÑOR está su deleite, y en su ley [preceptos,
instrucciones, enseñanzas] medita de día y de
noche! Será como árbol firmemente plantado junto
a corrientes de agua, que da su fruto a su tiempo, y
su hoja no se marchita; en todo lo que hace
prosperará.*

Salmo 1:1-3 (B.d.l.A.)

Un hermano en Cristo me comentó recién de un automóvil muy caro que le habían regalado. Este hombre había sido fiel durante muchos años en el ministerio. Había trabajado mucho y había sacrificado mucho. Un grupo de comerciantes que lo conocían y lo querían mucho, querían bendecirlo con un cierto automóvil que él admiraba, pero no podía obtener sin una intervención sobrenatural. El automóvil costó sesenta mil dólares.

El hombre dijo que pensaba venderlo. Le preguntamos si no le ofendería a los que se lo habían regalado. Él contestó que cuando se lo habían regalado, habían dicho que podía hacer lo que quisiera con él. Recuerdo que le pregunté por qué querría venderlo cuando era un sueño hecho realidad. Recuerdo sus palabras exactas. Dijo: "Sé que estoy en el ministerio, y sé que no debo sentirme así, pero para decir la verdad, no me siento digno de usar un automóvil tan caro".

Esta es otra manifestación de la falta de valentía que viene de la inseguridad, y la falta de saber quiénes somos en Cristo. Si no podemos recibir y disfrutar las bendiciones de Dios, sin sentirnos culpables y condenados, entonces nos falta algo en esa área tan importante. Para empezar, Dios quiere bendecir a Sus hijos, y además, quiere que nosotros seamos una bendición. ¿Cómo vamos a bendecir a otros si no recibimos bendiciones?

Creo que se necesita valentía para ser bendecido. Primero, tenemos que orar con valentía, y segundo, tenemos que saber recibir y disfrutar las bendiciones cuando llegan.

Recuerdo cómo era yo antes de que Dios me enseñara acerca de la justicia en Cristo Jesús. Me sentía tan mal acerca de mí misma que no podía imaginar que Dios me quisiera dar bendiciones radicales. Apenas podía creer que me proveyera para las necesidades diarias, mucho menos para cosas más allá de esas necesidades. No tenía la valentía para pedir en oración las cosas que no eran necesidades desesperadas.

Mientras escuchaba más acerca del plan de Dios de dar prosperidad a Sus hijos, me atrevía en la oración, pidiendo cosas que deseaba en mi corazón, pero que no eran necesidades. Todavía puedo recordar que me sentía incómoda hablando con el Señor acerca de cosas como ropa realmente bonita o un anillo de boda nuevo. El anillo que usaba había costado diecisiete dólares. Dave me había comprado uno aproximadamente de cien dólares cuando nos casamos. Después de unos años, mientras jugábamos golf, le pedí que lo llevara en su bolsillo. Debe haberlo perdido cuando sacaba algo del bolsillo en medio de la cancha. En aquel tiempo, ya teníamos tres niños pequeños y no teníamos dinero para anillos. Me compré uno en una librería cristiana. Tenía una cruz, y era bonito, pero realmente quería tener un anillo bueno.

En esta etapa, estaba poniéndome seria en mi relación con Dios. Había terminado recién mi primer ayuno largo. Ayuné todo el mes de febrero, pidiendo que Dios me ayudara a andar en amor. Después, una mujer en la iglesia donde asistía se acercó después del servicio y me pasó una cajita con el mensaje: "Dios me dijo que te diera esto". Cuando abrí la cajita, tenía un anillo de boda con veintitrés diamantes. Por supuesto, estaba emocionada, pero me di cuenta de que estaba incómoda usándolo. Pensé que la gente podría pensar que yo estaba tratando de lucirme, o que, sin saber que era un regalo, podrían pensar que era demasiado extravagante. Tenía miedo de ser juzgada.

En otra oportunidad, recuerdo que una mujer me dio un abrigo de piel, y me sentía igual. Era algo que secretamente había deseado, y creí que Dios me había bendecido con él, pero casi nunca lo usé, porque pensé que la gente podría juzgarme o pensar cosas que no eran verdad. Era nueva en el ministerio, y quería que la gente confiara en mí, y que se identificara conmigo. No quería que pensara que tenía una actitud soberbia, luciendo cosas caras.

Dave finalmente se puso firme conmigo y dijo algo así: "Escucha, Joyce, tú trabajas duro, te sacrificas mucho para ministrar a la gente. Si no puedes recibir una bendición de Dios sin temer lo que pensarán, entonces estarás en una cárcel emocional toda tu vida". Insistió que usara el abrigo y que lo disfrutara. Lo que dijo no cambió inmediatamente cómo me sentía, pero hizo que me diera cuenta de que tenía que cambiar mi modo de pensar, o si no, Satanás iba a asegurar que nunca tuviera nada de lo que quería.

Por supuesto, tenemos que ejercer sabiduría en este campo. Por ejemplo, no es necesario usar nuestra mejor ropa cuando vamos a ministrar a la gente más pobre, o en un país del tercer mundo como la India, donde la pobreza es tan generalizada. Hacer eso podría ofenderlos, y hacer que se sientan peores acerca de su situación. Podría hacer que se sientan inferiores, lo cual no les ayudaría en nada. Nuestro propósito en ir a ministrar a ellos siempre debe ser levantarlos y animarles, no hacerles sentirse inferiores y desanimados.

Queremos ser sensibles a los sentimientos de los demás, pero cuando se pierde el equilibrio, nuestra sensibilidad puede abrir la puerta a que la gente nos controle. Como sabemos todos, hagamos lo que hagamos, siempre va a haber alguien que no lo apruebe. Al fin de cuentas, cada uno debe conocer su propio corazón y hacer lo que realmente cree que Jesús haría en cada situación.

Algunos tienen tanto miedo, que aunque Dios les diera bendiciones radicales, no lo soportarían. Para andar en las bendiciones de Dios, tenemos que ser valientes. No podemos temer el juicio y la crítica de otros. Celos y envidia son espíritus que operan en la familia y entre amigos para robar el gozo de nuestra prosperidad y el éxito. Recuerda, no peleamos contra carne y sangre, sino contra principados y potestades (Efesios 6:12).

No te enojes con la gente, pero tampoco debes someterte a los espíritus [actitudes] equivocados que traten de controlarte.

La prosperidad es la voluntad de Dios para ti. El Salmo 1 promete la prosperidad para los que se deleitan en Su ley [Sus preceptos y Sus instrucciones], y para los que meditan en ella de día y de noche. En otras palabras, los que dan el primer lugar en sus vidas a la Palabra pueden esperar la prosperidad.

La Biblia está llena de pasajes que prometen bendición y prosperidad a los que aman a Dios y le obedecen. Por lo tanto, los que hacen eso deben esperar bendiciones. No deben estar tan inseguros que no puedan recibir las bendiciones cuando lleguen.

Dios no quiere que hablemos con una actitud arrogante, como si fuéramos mejores que los demás. Pero desea que recibamos con gratitud lo que Él nos da.

Alguien me recordó recién de la túnica de José, un regalo especial de su padre, Israel (Génesis 37:3,4). Aparentemente fue muy bonita, porque sus hermanos estaban celosos. Incluso, odiaban a José por causa de ella —pero su odio no le impedía usarla.

Debemos disfrutar lo que Dios nos da, y escucharlo a Él. No debemos escuchar a todos los demás, quienes deberían estar felices por nosotros, pero no están espiritualmente maduros para hacerlo.

## SUFICIENTEMENTE VALIENTES PARA SER GUIADOS POR EL ESPÍRITU

*Huye el impío sin que nadie lo persiga; mas el justo está confiado como un león [sin vacilar].*

Proverbios 28:1

Si pretendemos lograr ser nosotros mismos, debemos alcanzar un punto donde podemos ser guiados por el Espíritu Santo. Sólo Dios, por Su Espíritu, nos guiará a tener éxito y ser todo lo que podemos ser. Otros normalmente no lo harán, el diablo ciertamente no lo hará, y nosotros no podemos hacerlo sin Dios.

Ser guiado por el Espíritu no significa que nunca nos vamos a equivocar. El Espíritu Santo no se equivoca, pero nosotros sí. Seguir al Espíritu Santo es algo que aprendemos solamente por hacerlo. Empezamos dando un paso con cosas que Dios pone en nuestro corazón, y aprendemos por sabiduría y experiencia cómo escuchar más claramente y más definidamente.

Digo que se necesita la valentía para ser guiado por el Espíritu, porque 1) sólo la valentía da el paso, y 2) sólo la valentía puede sobrevivir a los errores. Cuando la gente insegura se equivoca, muchas veces no lo intentan de nuevo. Una persona valiente se equivoca, pero su actitud es: "Voy a seguir intentando hasta que aprenda a hacer esto bien".

Los que sufren de la condenación normalmente no creen que puedan escuchar a Dios. Aunque piensen que han escuchado algo de Dios y que den el paso, cualquier falla menor les parece una pérdida mayor. Cada vez que cometen un error, les cae encima una nueva carga de culpa y condenación. Terminan pasando todo su tiempo en el ciclo. Cometen un error, se sienten condenados, cometen otro error, se sienten condenados, y sigue y sigue.

Este libro fue escrito para animarte a dar el paso de fe y ser todo lo que Dios quiere. Pero ¿qué pasa si lees este libro, das el paso, y en dos semanas descubres que cometiste un error? Tendrás la valentía para orar, la sabiduría para aprender de tus errores, y la decisión para seguir adelante? —¿o te sentirás condenado y volverás a malgastar tu vida?

No hay propósito en ser guiado por el Espíritu Santo si no entendemos que nos vamos a equivocar en el camino.

*¡Cometerás errores!* ¡Sólo que no te equivoques pensando que no te vas a equivocar! Eso es una expectativa poco realista, que te llevará a la ruina.

No estoy siempre pensando que me voy a equivocar, pero he analizado mentalmente el hecho de que a veces me equivoco. Estoy preparada mental y emocionalmente para no ser derrotada por los errores y los problemas cuando sucedan.

¡Sé valiente! Resuelve que serás todo lo que Dios quiere que seas. No te escondas más detrás de los temores y las inseguridades. Si has cometido torpezas mayores, y has estado viviendo bajo la condenación por causa de ellas, ¡este es el momento para *avanzar*! Tú estás leyendo este libro por alguna razón. De hecho, tú eres la persona que tenía en mente cuando escribí el libro. Tómalo personalmente, tal como si Dios te hablara directamente a través de él. Resuelve avanzar a la victoria.

Cuando cometemos errores, nos da vergüenza. Nos sentimos estúpidos, y nos preguntamos qué pensarán de nosotros. En verdad, hay varias reacciones emocionales al fracaso. Debemos recordar que eso es lo que son —reacciones emocionales— y no debemos ser controlados por ellas.

*¡No podemos siempre controlar nuestras emociones, pero no debemos ser controlados por ellas!*

Yo creo que una persona fracasa cuando decide no seguir intentándolo.

No mires los errores como fracasos, sino como oportunidades para aprender. Aprendemos más de nuestros errores que de cualquier otra cosa en la vida. Puedo leer la Biblia y ver claramente que me dice que no debo desobedecer a Dios. Puedo saber mentalmente lo que dice, pero sólo *aprendo a obedecer* cuando haya desobedecido y experimentado las consecuencias.

Algunos dicen: "Bueno, es mejor prevenir que lamentar". Pero yo les digo: "puede que lo prevengas, pero también lo lamentarás".

Quiero animarte a ser todo lo que puedes ser en Cristo. No seas la mitad, o tres cuartos, sino todo lo que Dios diseñó que fueras. Haz todo lo que quiere que seas, y ten todo lo que quiere que tengas. No disfrutarás la plenitud de Dios sin Su valentía. La condenación destruye la valentía, así que no te quedes bajo la condenación.

Proverbios 28:2 dice que los malvados huyen, aun cuando nadie los persiga. Los malvados están siempre huyendo. Huyen de todo. Pero los que son íntegramente justos son valientes como un león. Y ya sea que te sientas así o no, ¡tú eres justo!

## DOS CLASES DE JUSTICIA

> *Al que no conoció pecado, por nosotros lo hizo pecado, para que nosotros fuésemos hechos justicia de Dios en él.*
>
> 2 Corintios 5:21

Es imposible evitar una vida de condenación sin comprender la justicia en el sentido bíblico. Recuerda que la condenación destruye la confianza; por lo tanto, debemos seguir adelante y ganar mayor comprensión en estas áreas para asegurarnos de la libertad.

Hay dos clases de justicia que tenemos que estudiar: la justicia propia, y la justicia de Dios. La justicia propia se gana con las obras correctas, mientras la justicia de Dios es regalada por gracia por medio de la fe en Jesucristo.

La justicia propia no deja lugar al error humano. Sólo podemos tenerla si hemos hecho todo perfectamente. Apenas cometemos un error, y ya no la tendremos, y nos sentimos mal porque la hemos perdido.

La justicia de Dios, en cambio, es todo lo opuesto. Ha sido provista para nosotros, que queriendo ser perfectos, hemos reconocido que no podemos serlo [excepto en deseo]. Hemos tratado de vivir por fe en nosotros mismos, y hemos encontrado que no resulta. Ahora hemos puesto nuestra fe en Jesús, y hemos creído que Él es nuestra justicia. Cuando nos vestimos de Cristo, nos vestimos de justicia como si fuera una túnica, y la usamos con valentía en nuestro andar terrenal.

> *Porque todos los que habéis sido bautizados en Cristo [en una unión espiritual, y en comunión con el Ungido, el Mesías], de Cristo estáis revestidos.*

Gálatas 3:27

> *En gran manera me gozaré en el SEÑOR, mi alma se regocijará en mi Dios; porque Él me ha vestido de ropas de salvación, me ha envuelto en manto de justicia...*

Isaías 61:10 (B.d.l.A.)

Tú y yo debemos enfrentar la realidad. No podemos esperar vivir el resto de nuestra vida en la tierra, sin enojarnos. No podemos ser pacientes en cada situación. No podemos ser perfectamente obedientes y siempre escuchar perfectamente a Dios.

Jesús no vino a los que están sanos, sino a los que necesitan a un médico (Mateo 9:11,12). Vino a mí, imperfecta, y a ti, imperfecto. Vino para que pudiéramos ser nosotros mismos, aunque cometamos errores en el proceso.

Ciertamente mejoramos mientras continuamos nuestro caminar de fe, pero si lográramos ser justos por nosotros mismos, no necesitaríamos a un Salvador.

Personalmente, prefiero necesitar a Jesús. He llegado a estar muy apegada a Él, y no quiero ni pensar cómo sería vivir sin Él. Ni me esfuerzo para ser justa por mí misma ahora. Por supuesto, trato de hacer lo mejor que pueda, pero he aceptado mi condición como ser humano. Dejo a Dios ser Dios, pero también me permito ser humana.

A veces nos cargamos con demasiado. Tratamos de hacer lo imposible, y como resultado, pasamos nuestra vida frustrados y condenados. Si nos golpeamos cada vez que cometemos un error, nos vamos a golpear cada día. Vivir bajo la condenación es como golpearse. Por lo menos, así me siento cuando estoy bajo la condenación.

Piensa en la frase: "Estoy bajo la condenación". Así lo expresamos a veces, y la frase misma nos indica que estamos *debajo* de algo. Jesús murió para levantarnos, y no para que siguiéramos viviendo *debajo* de las cosas.

## LA CONDENACIÓN Y EL LEGALISMO VERSUS LA LIBERTAD Y LA VIDA

> *El ladrón no viene sino para hurtar y matar y destruir; yo he venido para que tengan vida, y para que la tengan en abundancia [tener gozo, llenar la vida hasta que rebalse].*
>
> Juan 10:10

Los que tienen un enfoque legalista en la vida siempre experimentarán mucha condenación. Los legalistas sólo ven una forma de hacer las cosas. Normalmente es un camino muy angosto, sin lugar a errores, y ciertamente sin lugar para la creatividad personal.

Por ejemplo, los legalistas piensan que hay una sola manera de orar. Quizás piensen que deben orar con cierta postura corporal, o quizás con los ojos cerrados. Pueden cambiar su voz para que suene más religiosa y usar palabras elocuentes para impresionar a Dios. Para ellos, la oración debe durar un cierto tiempo. Puede que sientan que deben orar treinta minutos, o una hora, o lo que sea su norma. Cuando no siguen sus reglas, sienten la condenación.

Los legalistas son muy críticos. No solamente tienen reglas para sí mismos, sino también esperan que los demás sigan sus reglas.

Recuerdo cuando era muy legalista y tenía mi propia forma de orar. Mi marido, por supuesto, oraba de una manera distinta a la mía, y yo pensaba que lo hacía incorrectamente. Yo caminaba mientras oraba, y él se sentaba, mirando por la ventana. Recuerdo que yo pensaba que no podía estar "en el Espíritu", si estaba mirando por la ventana. Quizás yo también quería mirar por la ventana, pero eso para mí no era una postura religiosa, y por lo tanto no me permitía ese placer. Si yo me hubiera sentado al lado de la ventana, orando con los ojos abiertos, me habría sentido condenada. Encontraba que yo resentía la libertad de Dave, que es otra característica de la gente legalista.

El legalismo y el gozo no andan juntos. En Juan 10:10, Jesús dijo que había venido para que pudiéramos tener vida y gozo. Antes de eso, dijo que el ladrón viene a matar, robar, y destruir. El ladrón de quien hablaba realmente era una actitud religiosa que era común en las personas de Su época. Estas personas buscaban una justicia propia, y no conocían la justicia que viene de Dios. Jesús vino a traer luz en la oscuridad, esperanza a los que estaban sin esperanza, descanso para los cansados, y gozo para el mundo. Pero eso no sucede si la gente no deja de lado su propia justicia para recibir la Suya.

Escuché a un hombre decir que hay una sola manera de saber si estás empezando una experiencia de libertad: siempre habrá alguien con un espíritu crítico para juzgarte y criticarte por tu libertad y tratar de meterte debajo de la condenación, y hacerte sentir culpable. Sí, el legalismo y la condenación andan juntos, tomados de la mano.

Si deseamos realmente estar libres de la condenación, debemos dejar de lado las actitudes y los pensamientos legalistas. La Biblia nos enseña a seguir el camino angosto; no enseña a ser angostos de pensamiento. Nuestro camino no es el único camino, y el camino de otro no es el único camino.

En Cristo hay lugar para creatividad y libertad. Él puede guiar a una persona a orar mientras camina, y a otro a orar acostado en el piso con la cabeza en una almohada, y a otro a orar de rodillas al lado de la cama, con las manos juntas y los ojos cerrados. Una persona verdaderamente espiritual sabe que no es la postura lo que impresiona a Dios, sino la actitud de corazón.

Algo que no comprenden los legalistas es que la relación buena con Dios viene a través de Cristo, y no como resultado de las buenas obras. Quieren ser justos, pero están buscando una justicia propia. El legalismo y el orgullo van juntos, y el orgullo necesita algo de qué estar orgulloso. Ya que el orgullo necesita algo de qué estar orgulloso, la gente orgullosa piensa que siempre debe estar haciendo alguna buena obra.

Por supuesto, Dios quiere que hagamos obras, pero las obras espirituales son diferentes a las obras carnales. Hacemos las obras de Dios en obediencia a Él, pero nuestras obras propias normalmente son resultado de un plan carnal que pretende ganarnos algo por nosotros mismos. No es algo que Dios haya dirigido. Nosotros lo hemos dirigido, y esperamos que Dios nos premie por eso. Tenemos que aprender que Dios no se vende. No podemos comprar Su favor, Sus bendiciones, o Su aprobación, con nuestras buenas obras.

El apóstol Pablo dijo que los cristianos verdaderos se glorían en Cristo Jesús, y que no confían en la carne (Filipenses 3:3). Esto es la actitud que debemos tener. Lo que sea que hagamos bien, es debido a la bondad de Dios, y no a la nuestra. No hay lugar para jactarse, ninguno. No tenemos lugar para juzgar a otros, después de hacer una evaluación propia. Sólo podemos recibir el regalo gratis del amor y gracia de Dios, amarlo a Él, y dejar que Su amor fluya a otros a través de nosotros.

Una vez que nuestra confianza ya no esté en la carne, sino en Cristo, estamos preparados para avanzar seriamente hacia la meta de ser todo lo que podemos ser. Se podría decir que estamos "marcados para tener éxito".

Por triste que sea decirlo, muchos cristianos nunca logran liberarse de la justicia propia y la condenación. Siempre quedan al nivel bajo de luchar para tener su justicia propia, tratando, fracasando, y sintiéndose condenados. Hay un lugar más alto para los hijos de Dios: las alturas de la libertad de la condenación. Tú y yo podemos gozar de niveles altos de confianza que nos dan energía para ser nosotros mismos.

Siempre recuerda que la gente religiosa no aprueba la libertad, la prosperidad, la justicia y la confianza. Prefieren la esclavitud, las cargas, la pobreza, la condenación, y la culpa.

Viví así la mayor parte de mi vida, y no voy a hacerlo más. Jesús murió para liberarte a ti y a mí, pero tenemos que decidirnos *valientemente* a *recibir* todo lo que nos quiso dar. Tenemos que rehusar firmemente vivir *bajo la condenación*. Cuando pecamos, debemos arrepentirnos rápidamente, *recibir el perdón*, y ¡*seguir adelante*!

He sido criticada duramente por enseñar a la gente a amarse a sí misma y vivir libre de la condenación. Los legalistas viven con miedo de que este tipo de enseñanza abrirá la puerta al pecado. Dicen: "Joyce, estás dando a la gente licencia para pecar".

Un tiempo me frené, porque pensaba que podrían tener la razón. "Después de todo, ellos saben más que yo", me decía en mi mente. "Ellos tienen la educación y los títulos".

Pero Dios me empezó a mostrar que los que realmente lo aman no están buscando una excusa para pecar; están haciendo todo lo que puedan para evitar el pecado. Los que quieren pecar encontrarán una forma de hacerlo, enseñemos lo que enseñemos.

La gente no experimenta la libertad cuando enseñamos el legalismo. La experimentan cuando enseñamos la justicia y la libertad de la condenación. El legalismo nunca acerca a las personas a Dios. Sólo las enreda en reglas y las deja sin tiempo para tener comunión con Dios. Tienen miedo de Él la mayor parte del tiempo y no tienen interés en acercarse más a Él, porque han fallado en algo y están ahora en el ciclo de culpa.

La condenación destruye la relación personal con Dios. Le roba el gozo de la comunión con Él. Destruye la confianza, la oración, el gozo, la paz, y la justicia.

¡La condenación roba, mata, y destruye! Pero la justicia en Cristo Jesús trae libertad, gozo, y ¡vida en abundancia!

# 12

&

# Confianza en la oración

# 12
## CONFIANZA EN LA ORACIÓN

**Porque de cierto os digo que cualquiera que dijere a este monte: Quítate y échate en el mar, y no dudare en su corazón, sino creyere que será hecho lo que dice, lo que diga le será hecho. Por tanto, os digo que todo lo que pidiereis orando, creed [confiad] que lo recibiréis, y os vendrá.**

## MARCOS 11:23,24

Elegí la oración como el tema del último capítulo, porque es clave para el éxito. Si tú y yo vamos a lograr ser nosotros mismos y tener éxito en la vida, debemos saber cómo orar y estar dispuestos a dar a la oración un lugar de prioridad en nuestras vidas.

Cada fracaso es en esencia un fracaso de oración.

Si no oramos, lo mejor que puede suceder es nada, y así todas las cosas siguen como están, lo cual da miedo. Todos necesitamos cambios, y la forma de conseguirlos es la oración.

No vale de nada orar si no tenemos confianza [fe] en la oración.

Creo que mucha gente no está contenta con su vida de oración, y mucho de su falta de satisfacción se debe a la falta de confianza en sí misma y en su oración. Muchos cristianos hoy tienen preguntas acerca de su vida de oración, y están frustrados con ella. Aun los que están orando regularmente testifican que están frustrados porque sienten que falta algo; no están seguros si lo hacen bien.

Puedo identificarme con esta situación, porque yo me sentía así muchos años. Estaba comprometida a orar todas las mañanas, pero al final del tiempo de oración, siempre tenía una sensación vaga de frustración. Finalmente le pregunté al Señor cuál era mi problema, y me respondió en mi corazón, diciendo: "Joyce, sientes que tus oraciones no son

223

buenas". Era ese viejo problema de la condenación otra vez. No estaba disfrutando de la oración porque no tenía confianza en que mis oraciones fueran aceptables. ¿Y qué si eran imperfectas?

Dios tuvo que enseñarme algunas lecciones acerca de la oración por fe, acerca del hecho de que el Espíritu Santo me ayudaba en la oración, y tuvo que recordarme que Jesús intercede por mí (Romanos 8:26; Hebreos 7:25). Si dos de las personas de la Trinidad me estaban ayudando, seguramente mis oraciones imperfectas serían perfeccionadas en el momento que llegaran al trono de Dios el Padre. Este conocimiento alivió mucha presión, pero tenía que desarrollar la confianza en la oración simple con fe.

## LA ORACIÓN SIMPLE CON FE

*Y orando, no uséis vanas repeticiones, como los gentiles, que piensan que por su palabrería serán oídos.*

Mateo 6:7

Debemos desarrollar la confianza en la oración simple con fe. Tenemos que confiar en que, aunque digamos solamente, "¡Dios, ayúdame!", Él escucha y responde. Podemos depender de Dios, que va a ser fiel para hacer lo que le hemos pedido, siempre que esté de acuerdo con Su voluntad. Tenemos que saber que Él quiere ayudarnos porque es nuestro Ayudador (Hebreos 13:6).

Es muy frecuente que nos enredamos en nuestras propias obras en la oración. A veces tratamos de orar tan largamente, tan fuertemente, y tan elocuentemente que perdemos de vista el hecho de que la oración es simplemente conversación con Dios. El largo, el volumen, y la elocuencia no son lo importante, sino la sinceridad de nuestro corazón y la confianza que tenemos en que Dios nos escucha y responderá.

A veces tratamos de sonar tan devotos y tan elegantes, que nos perdemos. Ni sabemos lo que estamos tratando de orar. Si pudiéramos liberarnos del intento de impresionar a Dios, estaríamos mucho mejor.

Hace algunos años, Dio hizo que me diera cuenta de que cuando hacía mis oraciones en público en voz alta no estaba ni siquiera hablando con Él. Estaba tratando de impresionar a la gente con mi oración elocuente que sonaba muy espiritual. La oración simple con fe sale del corazón de la persona que ora, y llega directamente al corazón de Dios.

¿Con qué frecuencia debemos orar? Primero, 1 Tesalonicenses 5:17 dice: "Orad sin cesar".

Si no entendemos la oración simple con fe, esa instrucción puede llegar como una carga pesada. Si pensamos que estamos haciéndolo bien porque oramos treinta minutos al día, ¿cómo podemos orar sin cesar? Necesitamos tanta confianza acerca de nuestra vida de oración que la oración llegue a ser como respirar, algo sin esfuerzo, y algo que hacemos cada momento, mientras vivimos. No nos esforzamos para respirar, a menos que tengamos una enfermedad pulmonar, y tampoco debemos esforzarnos para orar. Creo que no lucharemos en esta área si realmente comprendemos el poder de la oración simple con fe.

Deberíamos recordar que no es el largo ni el volumen ni la elocuencia de la oración lo que la hace poderosa —la oración se hace poderosa por su sinceridad y por la fe detrás de ella.

Si no tenemos confianza en nuestras oraciones, no oraremos mucho, y menos todavía vamos a orar sin cesar. Obviamente la terminología, "orar sin cesar" no significa oración formal cada momento, veinticuatro horas del día. Significa que durante todo el día debemos tener una actitud de oración. Al enfrentar cada situación, o mientras algo viene a la mente que necesita atención, debemos simplemente entregarlo al Señor en oración.

Vemos entonces que la oración no puede depender de la postura o de la actitud o del lugar.

## NOSOTROS SOMOS EL LUGAR DE ORACIÓN ────

*Porque mi casa será llamada casa de oración
para todos los pueblos.*

Isaías 56:7

Bajo al Antiguo Pacto, el templo era la casa de Dios, el lugar de oración para Su pueblo. Bajo el Nuevo Pacto nosotros somos la casa de Dios, un edificio aún en construcción, pero aun así Su casa, Su tabernáculo, Su morada. Por lo tanto debemos ser llamados casa de oración.

*Porque nosotros somos colaboradores
[copromotores, coobreros] de Dios, y vosotros sois
labranza de Dios, edificio de Dios.*

1 Corintios 3:9

*¿No sabéis que sois templo [santuario] de Dios, y
que el Espíritu de Dios mora en vosotros [que el
Espíritu está en Su casa en ustedes, colectivamente
como iglesia, y también individualmente]?*

1 Corintios 3:16

Efesios 6:18 nos dice que podemos orar en cualquier lugar, en cualquier momento y acerca de cualquier cosa, y velar por eso: *orando en todo tiempo* [en cada ocasión, en cada estación del año] *con toda* [todo tipo] *oración y súplica en el Espíritu, y velando en ello con toda perseverancia y súplica por todos los santos* [el pueblo consagrado de Dios]. Si creemos y ponemos en práctica Efesios 6:18, puede cambiar nuestras vidas y nuestra oración.

Parece que, incluso cuando pensamos acerca de algunos motivos de oración, casi siempre seguimos después de ese pensamiento con otro pensamiento equivocado: "Necesito orar por esto en mi tiempo de oración".

¿Por qué no nos detenemos y oramos en ese mismo momento? Porque tenemos un impedimento fuertemente arraigado en nuestras mentes en esa área. Pensamos que deberíamos estar en un cierto lugar, en un cierto estado de ánimo y con una cierta postura corporal antes que oremos. No debe entonces extrañarnos que oremos tan poco. Si en la única oportunidad que podemos orar es cuando estamos sentados sin ninguna otra cosa que hacer, la mayoría de nosotros no estará orando sin cesar.

Todos debemos apartar un tiempo para estar con Dios cuando no estamos haciendo otra cosa, y debemos disciplinarnos para mantener nuestras citas con Él. Somos diligentes para mantener una cita con el médico o con el dentista o con el abogado, pero cuando se trata de Dios pensamos que podemos cambiar la cita sin avisarle, e incluso simplemente no ir.

*¡Si yo fuera Dios, me sentiría insultada!*

Sí, debemos apartar tiempo, pero aparte de eso debemos disfrutar del privilegio que tenemos de poder orar todo el día. Nuestras oraciones pueden ser verbales o silenciosas, extensas o cortas, públicas o privadas —¡lo importante es que oremos!

## LA ORACIÓN SECRETA

*Y cuando ores, no seas como los hipócritas; porque ellos aman el orar en pie en las sinagogas y en las esquinas de las calles, para ser vistos de los hombres; de cierto os digo que ya tienen su recompensa. Mas tú, cuando ores, entra en tu aposento [tu lugar más privado], y cerrada la puerta, ora a tu Padre que está en secreto; y tu Padre que ve en lo secreto te recompensará en público.*

Mateo 6:5,6

Aunque algunas oraciones son públicas o en grupos de oración. La mayor parte de nuestra vida de oración es secreta y debe ser así. En otras palabras, no debemos dar a conocer cuánto oramos o por todas las cosas que oramos.

"La oración secreta" significa varias cosas. Significa que no damos a conocer a todos los que conocemos nuestras experiencias personales en la oración. Oramos por cosas y personas en nuestro corazón, y mantenemos nuestras oraciones entre Él y nosotros a menos que haya una muy buena razón para hacer lo contrario.

No hay nada malo en decirle a un amigo: "He estado orando mucho por la juventud de nuestro país últimamente", o, "he estado orando para que las personas tengan una relación más profunda con Dios". Compartir así, es simplemente parte de la amistad, pero hay cosas y lugares que sólo le pertenecen a Dios en nuestro corazón y por los que debemos orar, y que no debemos darlos a conocer a otros.

"La oración secreta" significa que no exhibimos nuestras oraciones para impresionar a la gente. Vemos un ejemplo acerca de la manera correcta y de la manera incorrecta de orar, en Lucas 18.

## LA ORACIÓN HUMILDE

*Dos hombres subieron al templo a orar: uno era fariseo, y el otro publicano. El fariseo, puesto en pie, oraba consigo mismo de esta manera: Dios, te doy gracias porque no soy como los otros hombres, ladrones, injustos [en corazón y vida], adúlteros, ni aun como este publicano; ayuno dos veces a la semana, doy diezmos de todo lo que gano. Mas el publicano, estando lejos, no quería ni aun alzar los ojos al cielo, sino que se golpeaba el pecho, diciendo: Dios, sé propicio [ten misericordia, muestra gracia] a mí, pecador. Os digo que éste descendió a su casa justificado [perdonado,*

*reconciliado con Dios] antes que el otro; porque*
*cualquiera que se enaltece, será humillado; y el*
*que se humilla será enaltecido.*

Lucas 18:10-14

Para que la oración pueda correctamente denominarse "secreta", debe provenir de un corazón humilde.

En esta lección acerca de la oración enseñada por Jesús mismo, vemos que el fariseo oraba "ostentosamente", que quiere decir que oraba en forma presumida, haciendo una exhibición exterior extravagante. No había nada secreto o, peor aún, no había nada sincero en su oración. Su oración estaba centrada en sí mismo, estaba concentrado en lo que *él* estaba haciendo.

El segundo hombre de la historia, un recaudador de impuestos despreciado, y un "vil pecador" a los ojos de los demás, se humilló, inclinó su cabeza y suavemente, con humildad, pidió a Dios que lo ayudara. En respuesta a su oración sincera y humilde, una vida entera de pecado fue borrada en un instante. Ese es el poder de una oración simple de fe.

Mi equipo de trabajo y yo, tenemos la oportunidad de guiar a miles de personas al Señor cada año en nuestras conferencias. Mirar a las personas que responden al llamado desde el altar es impresionante. Hablo con ellos unos pocos minutos y los guío a una oración de fe sencilla. Durante esos minutos, una vida de pecado es borrada y la justicia toma su lugar a través de la simple fe en Jesucristo.

Dios no nos ha dado un montón de normas complicadas y difíciles de seguir. El cristianismo puede ser simple, a menos que personas complicadas lo compliquen.

Construye tu fe sobre la base de que la simple oración de fe, es poderosa. Cree que puedes orar en cualquier lugar, en cualquier momento, y acerca de cualquier cosa. Cree que tus oraciones no tienen que ser perfectas, o elocuentes, o largas. Manténlas breves y simples, llenas de fe y de fervor.

## LA ORACIÓN EFICAZ

*La oración eficaz del justo puede mucho.*

Santiago 5:16

Para que la oración sea eficaz debe ser con fervor. Sin embargo, si no entendemos bien la palabra *ferviente*, pensaremos que tendremos que "fabricar" algunas emociones fuertes antes de orar; si no nuestra oración no será eficaz.

Sé que por muchos años creí eso, y quizás estás confundido o engañado de esa manera.

Creo que nuestras oraciones deben ser realmente sinceras, y que provengan de nuestro corazón y no sólo de nuestra cabeza.

A veces siento mucha emoción cuando oro, incluso a veces lloro. Pero existen muchas otras ocasiones cuando no estoy emocionada ni lloro; soy sincera en mi oración, pero no *siento* algo extraordinario.

La oración de fe no es posible si basamos el valor de nuestras oraciones en nuestros sentimientos.

Recuerdo que disfrutaba tanto de esos momentos de oración cuando podía *sentir* la presencia de Dios, y después me preguntaba qué estaba mal en esos momentos en que no *sentía* nada. Más tarde aprendí que no podemos basar la fe en nuestros *sentimientos* y emociones, sino en el conocimiento en nuestro corazón.

## LA ORACIÓN DE UN HOMBRE JUSTO

*La oración eficaz del justo puede mucho.*

Santiago 5:16

Santiago 5:16 dice que la oración del "justo" es poderosa. Esto significa un hombre que no está bajo condenación —uno que tiene confianza en Dios y en el poder de la oración. No significa que es un hombre sin ninguna imperfección en su vida.

En el versículo siguiente usa a Elías como ejemplo: *Elías era hombre sujeto a pasiones semejantes a las nuestras, y oró fervientemente para que no lloviese, y no llovió sobre la tierra por tres años y seis meses.*

Elías fue un hombre de Dios poderoso, que no siempre se comportó bien, pero oraba con poder. No dejó que sus imperfecciones le robaran su confianza en Dios.

Elías tenía fe, pero también tenía miedo. Fue obediente, pero a veces también desobedeció. Él estaba arrepentido, amaba a Dios y quería conocer Su voluntad y desarrollar Su llamado en su vida. Pero en ocasiones se dejó llevar por su debilidad humana y trató de evitar las consecuencias de esa voluntad y de ese llamado.

En muchas formas Elías era muy parecido a ti y a mí. En 1 Reyes 18, lo vemos con un tremendo poder, pidiendo fuego del cielo y matando a 450 profetas de Baal por mandato de Dios. Inmediatamente después de eso, en 1 Reyes 19 lo vemos huyendo de Jezabel con temor, volviéndose negativo y deprimido, e incluso quería morir.

Como muchos de nosotros, Elías se dejaba llevar por sus emociones. El hecho de que Santiago 5:16 nos instruya a orar poderosas y eficaces oraciones como hombres y mujeres de Dios justos —y luego da un discurso acerca de Elías y de como él fue un ser humano como nosotros, y aún así oraba con poder— debería darnos suficiente "poder de las Escrituras" para vencer la condenación cuando se asoma para decirnos que no podemos orar con poder debido a nuestras debilidades y a nuestras faltas.

## HOMBRES QUE ORABAN

*También les refirió Jesús una parábola sobre la necesidad de orar siempre, y no desmayar.*

Lucas 18:1

La Biblia está llena de relatos de hombres y mujeres que caminaban con Dios y que consideraban la oración como lo más importante de sus vidas.

Jesús oraba:

> *Levantándose muy de mañana, siendo aún muy*
> *oscuro, salió y se fue a un lugar desierto*
> *y allí oraba.*

Marcos 1:35

No cabe duda de que la oración era importante para Jesús; si no fuera así, se habría quedado en su cama. La mayoría de nosotros no nos levantamos temprano, lo hacemos cuando se trata de algo muy importante.

Vemos que Jesús no hizo una gran exhibición de la oración. En este ejemplo Él fue a un lugar privado, del cual la Biblia simplemente dice: "Él oró".

David oraba:

> *Dios, Dios mío eres tú;*
> *de madrugada te buscaré;*
> *mi alma tiene sed de ti, mi carne te anhela,*
> *en tierra seca y árida donde no hay aguas.*

Salmo 63:1

David oraba lo que yo llamo "oraciones de búsqueda de Dios". Muchas veces al día me encuentro susurrando en mi corazón e incluso en voz alta: "Dios cómo te necesito". Esa es una oración simple, pero poderosa. Dios responde a ese tipo de oración. Él nos ayuda, nos manifiesta Su presencia y se goza de nuestra dependencia de Él.

En otras ocasiones me escucho decir al Señor: "Padre, ayúdame con esto". Se ha convertido en un hábito que espero no dejar.

La Biblia dice que no tenemos porque no pedimos (Santiago 4:2) ¿Por qué, entonces, no pedir ayuda en forma más frecuente?

Daniel oró:

> *Cuando Daniel supo que el edicto había sido firmado, entró en su casa, y abiertas las ventanas de su cámara que daban hacia Jerusalén, se arrodillaba tres veces al día, y oraba y daba gracias delante de su Dios, como lo solía hacer antes.*

Daniel 6:10

Daniel sin duda creía que la oración era importante. Un decreto real decía que por treinta días nadie podría hacer una petición a ningún dios u hombre que no fuera el rey, el que no cumpliera con eso debería ser arrojado al foso de los leones.

Daniel oraba como de costumbre. Aparentemente él sabía que la protección era más importante que las amenazas del hombre.

Los apóstoles oraban:

> *Y nosotros persistiremos en la oración y en el ministerio de la palabra.*

Hechos 6:4

Los apóstoles llegaron a estar tan ocupados con la distribución de alimentos y con otras responsabilidades administrativas, que su vidas de oración y de estudio se vieron interrumpidas. Escogieron a siete hombres para que ayudaran con esas tareas, y así ellos pudieran continuar *dedicados* a la oración y a la Palabra de Dios.

A veces debemos hacer cambios en nuestra vida para dejar suficiente tiempo para la oración. Debemos eliminar cosas que no son tan fructíferas. Ni tú ni yo tendremos éxito a menos que oremos.

"Estoy muy ocupado" es la excusa más frecuente y más inaceptable que damos. Fijamos nuestro horario [nuestras prioridades], y si tenemos tiempo libre después de haber hecho todo eso, entonces oramos. Lo que hacemos con nuestro tiempo revela que es lo importante para nosotros. Si no oramos, es porque quizás no vemos lo valioso que es.

La historia nos da un registro de muchas otras personas desde que la Biblia fue escrita que reconocieron la importancia y la necesidad de la oración.

Martín Lutero decía: "Tengo tantas cosas que hacer, y no podré hacerlas, a menos que pase tres horas al día en oración".

Podremos preguntarnos cómo podríamos pasar tres horas al día en oración, en medio de todo lo que tenemos que hacer, pero Martín Lutero se dio cuenta de que su actitud debía ser la opuesta.

No estoy sugiriendo que todos deban orar tres horas al día. El punto es que personas muy importantes y muy ocupadas han dedicado bastante tiempo a la oración.

John Wesley decía: "Dios no hace nada, excepto como respuesta de oración".

En la vida cristiana la oración no es opcional. Si queremos lograr algo en la vida, debemos orar.

Moisés oró e hizo que Dios cambiara de opinión.

## LA ORACIÓN CAMBIA LAS COSAS Y A LAS PERSONAS

*Y el SEÑOR dijo a Moisés: He visto a este pueblo, y he aquí, es pueblo de dura cerviz. Ahora pues, déjame, para que se encienda mi ira contra ellos y los consuma; mas de ti yo haré una gran nación. Entonces Moisés suplicó ante el SEÑOR su Dios y dijo: Oh SEÑOR, ¿por qué se enciende tu ira contra tu pueblo, que tú has sacado de la tierra de Egipto con gran poder y con mano fuerte?*

*¿Por qué han de hablar los egipcios, diciendo:*
*"Con malas intenciones los ha sacado, para*
*matarlos en los montes y para exterminarlos de la*
*faz de la tierra"? Vuélvete del ardor de tu ira, y*
*desiste de hacer daño a tu pueblo.*
*Acuérdate de Abraham, de Isaac y de Israel,*
*siervos tuyos, a quienes juraste por ti mismo, y les*
*dijiste: "Yo multiplicaré vuestra descendencia*
*como las estrellas del cielo, y toda esta tierra de la*
*cual he hablado, daré a vuestros descendientes, y*
*ellos la heredarán para siempre."*
*Y el SEÑOR desistió de hacer el daño que había*
*dicho que haría a su pueblo.*

Éxodo 32:9-14 (B.d.l.A.)

Hay muchos otros ejemplos similares en la Biblia, situaciones que ilustran como la oración sincera puede hacer que Dios cambie de opinión.

Hay momentos cuando puedo sentir que Dios está cansado de soportar a alguien que no le está obedeciendo, y me encuentro guiada a pedirle a Dios que tenga misericordia y que le dé otra oportunidad a esa persona. Estoy segura de que otros oraron así por mí cuando lo necesitaba.

Como Jesús les dijo a los discípulos en Getsemaní, debemos "velar y orar" (Mateo 26:41). Tenemos que orar el uno por el otro, no juzgarnos y criticarnos. Hay momentos cuando ya no tenemos que orar por alguna persona o alguna situación; tenemos que dejarla con el Señor. Hay momentos en que el futuro de una persona será mejor si Dios la trata con severidad en el presente. Necesitamos ser guiados por el Espíritu en la oración, y no dejar de orar.

Si observamos a las personas, podemos ver cuando necesitan ánimo, cuando están deprimidas, con miedo, inseguras, o experimentando otro tipo de problema. Dios nos permite ver que su necesidad es nuestra oportunidad para ser parte de la solución. Podemos orar y hacer lo que Dios nos dirige. Debemos ser parte de la solución, no parte del problema. Hablar con terceros acerca de los problemas de otros no ayuda. En vez de eso, ¡debemos orar!

Recién vi dos mujers saliendo de una pastelería, y las dos tenían sobrepeso de 50 a 75 kilos. Cada una llevaba una caja de pasteles, y podía captar que tenían problemas emocionales serios, y estaban comiendo para consolarse. Simplemente oré: "Dios, ayúdalas a bajar de peso, y que sepan que tú eres la solución de sus problemas. Envíales a la persona indicada para hablarles una palabra apropiada. ¡Amén!".

No creo que la gente se ofenda porque oramos por ellos. Hubo momentos en mi vida cuando necesitaba bajar de peso, y esperaba que alguien orara por mí. Prefiero que la gente ore por mí, en vez de juzgarme.

Frecuentemente vemos una situación como ésta y pensamos: "¡Qué pena! —lo último que necesitan es un pastel". Quizás hablemos con otros acerca de lo que hemos visto, pero nos falta hacer lo único que puede traer un cambio. ¡Podemos orar!

Sin embargo, no vamos a orar por estas situaciones si tenemos una actitud equivocada acerca de la oración. Si pensamos que tenemos que estar en cierto lugar, tener cierta postura, o estar con un aire espiritual, Satanás nos robará de nuestra oración, y mucho de la obra de Dios no se realizará.

A veces como cristianos hacemos las cosas tan espirituales que no podemos hacerlas, menos disfrutarlas. Creo que si la gente entendiera la sencillez de la oración, orarían más, porque podrían disfrutarla, y no sentirían que es un *trabajo*.

Durante años, trataba de cambiar a mi marido, a mis hijos, y a mí misma, hasta que Dios me convenció de que estaba trabajando, y no orando. Él me mostró que yo tenía que orar y dejar que Él hiciera el trabajo.

Sugiero que tú hagas lo mismo.

¿Quién está arriba de tu torno de alfarero? Si estás pensando en alguien, hazle un favor, y hazte un favor a ti mismo, y deja que esa persona baje de allí.

Nosotros no somos los alfareros, sino Dios, y seguramente no sabemos "arreglar" a la gente. A veces vemos lo que consideramos un problema en la vida de alguien, pero no sabemos arreglarlo porque no sabemos cómo se echó a perder en el principio.

Pensemos en las dos señoras en la pastelería, por ejemplo. Yo podía ver el problema —estaban muy gordas. Posiblemente les faltaba la disciplina, pero no me parecía. Quizás habían sido abusadas físicamente, mentalmente, o sexualmente. Quizás habían sufrido una vida de rechazo, de dolor emocional. Quizás habían estado llenas de vergüenza y empezaron a comer para consolarse, y después cayeron en la trampa y no podían escapar.

Cuando tratamos de *arreglar* a la gente, muchas veces les hacemos más daño, porque asumimos muchas cosas que posiblemente no sean la verdad. La gente que tiene dolor no necesita que alguien las arregle, sino que les muestre aceptación, amor, y oración.

En mi orgullo, trataba de arreglar a mi familia, y el resultado fue que los alejaba de mí. Finalmente, me di cuenta de que no lograba lo que quería porque no estaba orando y confiando en Dios para arreglarlos a Su manera y en Su tiempo. Lo extraño es que, o Dios los arregló a ellos, o me arregló a mí, porque me gusta como son. De cualquier forma, sin que yo supiera cómo o cuándo, Él solucionó el problema.

¡Ora! ¡Ora! ¡Ora! Es la única forma de lograr las cosas en el reino de Dios. Dios tiene sus pautas, y "no tenéis, porque no pedís" (Santiago 4:2) es una de ellas. Si hacemos las cosas a Su manera, siempre tendremos buenos resultados. Si hacemos las cosas a nuestra manera, siempre seremos infelices, sin resultados.

## PODER Y AUTORIDAD A TRAVÉS DE LA ORACIÓN

> *Y yo también te digo, que tú eres Pedro [Petros — un pedazo de una roca], y sobre esta roca [Petra — una roca grande como Gibraltar] edificaré mi iglesia; y las puertas del Hades [los poderes del infierno] no prevalecerán contra ella [impedir su fuerza]. Y a ti te daré las llaves del reino de los cielos; y todo lo que atares [declarar incorrecto o ilegal] en la tierra será atado en los cielos; y todo lo que desatares [declarar legal] en la tierra será desatado en los cielos.*

Mateo 16;18,19

Como no somos solamente criaturas físicas, sino también espirituales, podemos estar en el reino físico y afectar el reino espiritual. Es un privilegio y una ventaja.

Por ejemplo, si tengo un nieto que tiene problemas en la escuela, puedo llegar al reino espiritual a través de la oración, y lograr una acción que cause cambio en esa situación. *Dios es Espíritu* (Juan 4:24), y todas las soluciones que necesitamos están con Él.

Cuando digo que podemos "llegar al reino espiritual", no estoy tratando de decir algo extraño o incluso muy religioso. Cada persona que ora sinceramente llega al reino espiritual en sus oraciones. Estamos aquí en la tierra en cuerpo, pero en espíritu vamos a donde está Dios, y allí hacemos la petición con fe.

En Mateo 16:19, Jesús dijo a Pedro que le daría las llaves del reino de los cielos. Las llaves abren puertas, y creo que esas llaves [por lo menos en parte] pueden representar varios tipos de oración. En su conversación con Pedro, Jesús le enseñó acerca del poder para atar y desatar, que opera de acuerdo con el mismo principio espiritual.

Jesús también le hablaba a Pedro acerca del poder de la fe en el versículo 18, y sabemos que una de las formas en que se libera la fe es a través de la oración. El poder para atar y desatar se ejerce en la oración.

En el nombre de Jesús podemos atar [impedir] al diablo, y en Su nombre podemos liberar a los ángeles, pidiendo que sean enviados desde el cielo para que nos protejan a nosotros y a otros (Mateo 26:53; Hebreos 1:7,14).

Cuando tú y yo pedimos liberación de alguna atadura en nuestras vidas o en la vida de otro, estamos atando el problema y desatando la solución. El acto de orar ata el mal y desata el bien.

En Mateo 18 vemos a Jesús tratar este asunto de atar y desatar de nuevo, pero esta vez, agrega instrucciones acerca de la oración en conjunto, enfatizando cuánto poder tiene este tipo de oración.

## ORANDO HASTA QUE SE HAGA LA VOLUNTAD DE DIOS

*De cierto os digo que todo lo que atéis en la tierra, será atado en el cielo; y todo lo que desatéis en la tierra, será desatado en el cielo. Otra vez os digo, que si dos de vosotros se pusieren de acuerdo [en armonía, haciendo una sinfonía] en la tierra acerca de cualquiera cosa que pidieren, les será hecho por mi Padre que está en los cielos.*

Mateo 18:18,19

Quiero llamar tu atención al hecho de que está claro que nuestra autoridad en la oración es para que se haga la voluntad de Dios en la tierra, no para que se haga nuestra voluntad. Las oraciones fuera de la voluntad de Dios serán contestadas solamente con un "¡No!"

Como creyentes, tenemos autoridad espiritual y debemos usarla. Una de las formas de usarla es la oración. Dios desea usar a sus siervos que se han sometido a Él en la oración, bajando Su voluntad del cielo a la tierra, tal como la oración que Jesús enseñó: *Hágase tu voluntad, como en el cielo, así también en la tierra* (Mateo 6:10).

¡Qué privilegio más impresionante! Nuestras oraciones afectan no solamente a nuestro destino, sino también a otros. Podemos ser utilizados por Dios para que otros logren ser ellos mismos, y así experimentar la plenitud que Dios planificó para ellos.

## SIETE CLASES DE ORACIÓN QUE PODEMOS HACER FÁCILMENTE

> *Orando en todo tiempo [en cada ocasión, en cada estación] con toda [todo tipo de] oración y súplica en el Espíritu, y velando en ello con toda perseverancia y súplica por todos los santos...*
>
> Efesios 6:18

Ahora me gustaría hablar de las siete clases de oración que vemos en la Palabra de Dios. Debemos ejercer regularmente todos los tipos de oración. Son simples, y podemos orar así en cualquier lugar, en cualquier momento. Son más eficaces cuando oramos con un corazón de fe.

### LA ORACIÓN DE ACUERDO

Permíteme decir que creo que esta oración puede ser hecha por dos personas o más, que están comprometidas a vivir en acuerdo. Esta oración no es para personas que normalmente viven en conflicto, y después deciden que deben ponerse de acuerdo para pedir algún milagro, porque están desesperadas. Dios honra las oraciones de los que pagan el precio para vivir en armonía.

Debido a que nuestro poder en la oración se multiplica cuando vivimos en armonía con los que nos rodean (1 Pedro 3:7), necesitamos estar de acuerdo siempre, y no solamente cuando enfrentamos una crisis. Habrá ocasiones en que lo que enfrentamos es más grande que nosotros. En esas ocasiones, será sabio que oremos con una persona que está de acuerdo con nosotros respecto de esa situación. Déjenme darles un ejemplo: Dave y yo a menudo oramos de acuerdo mientras estamos conduciendo en la carretera. Estamos tratando de romper el hábito de "hablar y orar después" y de desarrollar el hábito de "orar inmediatamente". Si es posible nos tomamos de la mano y oramos. Creo que no hay nada "mágico" en el hecho de tomarse de la mano para orar, pero en nuestro caso ese contacto indica que realmente estamos orando de acuerdo, no acerca de un hecho en especial, sino en general.

Si sientes que no tienes a nadie en tu vida con quien orar de acuerdo, no te desesperes. Tú y el Espíritu Santo pueden estar de acuerdo. Él está aquí en la tierra, contigo y en ti como hijo o hija de Dios.

Muchas personas no tendrán éxito en ser ellas mismas simplemente porque ni siquiera pueden estar de acuerdo con Dios.

Recuerdo a una mujer, que ahora trabaja para mí, que dijo una vez que le costó creer que Dios estuviera poniendo en su corazón el pensamiento de que ella formaría parte de mi equipo de trabajo a tiempo completo. Esta mujer había sido dueña de casa por treinta y cinco años y le costaba imaginarse haciendo algo diferente. Sus hijos ya eran adultos, y era el momento para que ella empezara otra etapa en su vida. Dios continuó animándola a que postulara a un trabajo en nuestro ministerio, y ella continuó diciéndole que no sería capaz de hacerlo, que ella no sabía hacer las cosas que nosotros necesitábamos.

Dios no sólo estaba animándola a postular a un trabajo con nosotros, sino que simultáneamente estaba poniendo en su corazón el asistir a clases de Biblia en su iglesia local durante un año antes de que viniera a trabajar para nosotros. Ella estaba absolutamente segura de que en su "carne" no podía hacer ninguna de las dos cosas, pero finalmente se arrodilló y dijo: "Espíritu Santo, estoy de acuerdo contigo. Si Tú dices que puedo hacer estas cosas, entonces creeré que puedo hacerlas". Ella fue a sus clases de Biblia, y postuló para un trabajo con nosotros. Ella ha formado parte de nuestro equipo por catorce años.

¡Hay poder cuando estamos de acuerdo! Ora la oración de acuerdo, especialmente cuando tú sientas la necesidad de un poquito más de poder.

## LA ORACIÓN DE PETICIÓN

Esta es la oración más usada, pero quizás no debería ser así, y más adelante puede que compartas esta opinión. Cuando pedimos a Dios, pedimos algo para nosotros. Cuando oramos por otros, estamos intercediendo [discutiremos este tipo de oración más adelante]. La mayoría de nosotros, lamento tener que decirlo, estamos demasiado interesados en nosotros mismos. Por esa razón, frecuentemente ejercitamos nuestro derecho a pedirle cosas a Dios. Por supuesto que no es incorrecto pedirle cosas a Dios, pero nuestras oraciones deberían estar equilibradas con adoración y acción de gracias [de lo cual también hablaremos más adelante].

Es importante pedir a Dios por nuestro futuro —orar y pedir Su ayuda para tener éxito en ser nosotros mismos. Nuestro éxito no vendrá a través de luchas personales o de vanos esfuerzos. Sólo vendrá como resultado de la gracia de Dios.

Tú y yo debemos agregar nuestro esfuerzo a Su gracia, pero el esfuerzo sin Su gracia es inútil. La gracia viene como resultado de pedirla. Pedir es orar la oración de petición. Una vez más esta oración es fácil de hacer.

Cada mañana me siento a escribir y a trabajar en mis sermones o en mis libros, pido a Dios que me ayude. Lo hago en forma breve sin ninguna postura especial, sin palabras elocuentes, pero sé que estoy pidiendo que el poder de Dios me ayude a ser todo lo que debo ser ese día.

Tú y yo podemos atrevernos a pedir a Dios todo lo que necesitamos en nuestras vidas. No estamos restringidos a una cierta cantidad de peticiones por día. Podemos hablar con Dios tranquilamente acerca de lo que nos preocupa, y pedir por nuestras necesidades y deseos.

## LA ORACIÓN DE ALABANZA Y
## LA ORACIÓN DE ACCIÓN DE GRACIAS

Alabanza es una narración o un relato en el cual hacemos un recuento de las buenas cosas acerca de un individuo, en este caso Dios. Debemos alabar a Dios continuamente, quiero decir a través de todo el día. Debemos alabarlo por sus obras maravillosas, por las cosas que Él ha creado, e incluso por las cosas que hará en nuestras vidas.

También debemos darle gracias siempre, en los buenos tiempos y especialmente en los tiempos difíciles. Cuando nuestras oraciones de petición superan a nuestras oraciones de alabanza y de acción de gracias, creo que se revela algo acerca de nuestro carácter.

Las personas codiciosas piden, piden, piden, y rara vez o nunca aprecian lo que han recibido. Creo que Dios no nos dará la plenitud de lo que ha planificado para nosotros hasta que seamos más agradecidos con lo que ya nos ha dado.

Considera estos versículos y camina según lo que dicen:

*...hablando entre vosotros con salmos, con himnos
y cánticos espirituales, cantando [y tocando
instrumentos] y alabando al Señor en vuestros
corazones; dando siempre gracias por todo al Dios
y Padre, en el nombre de nuestro Señor Jesucristo.*

Efesios 5:19,20

*Siempre orando por vosotros, damos gracias a
Dios, Padre de nuestro Señor Jesucristo
[el Mesías].*

Colosenses 1:3

243

*Y todo lo que hacéis [no importa lo que sea], sea de palabra o de hecho, hacedlo todo en el nombre del Señor Jesús [dependiendo de Él], dando gracias a Dios Padre por medio de él.*

Colosenses 3:17

*Orad sin cesar [perseverando]. Dad gracias [a Dios] en todo [en cualquier circunstancia, que esté agradecido], porque esta es la voluntad de Dios para con vosotros en Cristo Jesús [el que revela esa voluntad y es Mediador].*

1 Tesalonicenses 5:17,18

*Exhorto ante todo, a que se hagan rogativas oraciones, peticiones y acciones de gracias, por todos los hombres.*

1 Timoteo 2:1

*Así que, ofrezcamos siempre a Dios, por medio de él, sacrificio de alabanza, es decir, fruto de labios que confiesan su nombre.*

Hebreos 13:15

El vivir con poder proviene de la acción de gracias. Una de las maneras en que podemos "orar sin cesar" es siendo agradecidos todo el día, alabando a Dios por Su benignidad, misericordia, bondad, gracia, resignación y paciencia.

## LA ORACIÓN DE INTERCESIÓN

Interceder significa *ponerse en la brecha* por otra persona (Ezequiel 22:30).

Si hay una ruptura en la relación de las personas con Dios debido a un pecado en sus vidas, tenemos el privilegio de ponernos nosotros mismos en esa ruptura y orar por ellos. Si tienen una necesidad, podemos interceder por ellos y esperar verlos animados y consolados mientras esperan. Podemos esperar también que se rompa la brecha para ellos al ver satisfechas sus necesidades.

Yo no sé lo que haría si las personas no intercedieran por mí. Literalmente miles de personas a través de los años me han dicho que oran por mí. Yo le pido a Dios por intercesores. Le pido que me dé personas que oren por mí y por el cumplimiento del ministerio al que Él me ha llamado.

¡Nos necesitamos unos a otros! Si nuestras oraciones están llenas de peticiones y no hay intercesión, eso también revela algo de nuestro carácter —tal como cuando la petición supera la alabanza y la acción de gracias en nuestra vida de oración.

He descubierto que mientras más libre estoy de mi egoísmo, más oro por otras personas —y viceversa.

Orar por otros equivale a sembrar semilla. Todos sabemos que debemos sembrar semillas si queremos tener una cosecha (Gálatas 6:7). Sembrar semillas en las vidas de otras personas es una manera segura de cosechar en nuestra propia vida. Cada vez que oramos por otro, estamos asegurando nuestro propio éxito.

Si quieres tener éxito en ser tú mismo, te recomiendo encarecidamente que incluyas mucha intercesión en tu vida de oración. Entrega lo que tú necesitas o lo que tú quieres.

Si quieres tener éxito, ayuda a que otro tenga éxito orando por esa persona. Si quieres que tu ministerio tenga éxito, ora por el ministerio de otro. Si quieres que tus negocios tengan éxito, ora por los negocios de otro. Si quieres terminar con un mal hábito que te está dañando y deteniendo, ora por otra persona que tenga una necesidad similar en esa área.

Recuerda que con frecuencia estamos tentados a juzgar, lo cual nos encadena. Ora por las personas en vez de juzgarlas, y progresarás mucho más rápido en el cumplimiento de tu destino.

## LA ORACIÓN DE COMPROMISO

Cuando estamos tentados a preocuparnos o a tomar en nuestras propias manos una situación de nuestra vida, deberíamos orar una oración de compromiso.

Por ejemplo, si he puesto todo de mi parte para llegar a una cita a tiempo, y debido a circunstancias fuera de mi control parece que llegaré atrasada, en vez de ponerme frenética, he aprendido a orar una oración de compromiso. Y digo: "Señor, te entrego esta situación; haz algo para que las cosas salgan bien". He encontrado que cuando hago eso, las cosas salen bien. Ya sea que el Señor me da favor con las personas con las que tenía que reunirme y ellos comprenden totalmente la situación, o llego y me doy cuenta de que están atrasados y que ellos estaban preocupados de que yo tuviera que esperarlos.

Dios interviene en nuestras situaciones cuando las entregamos a Él.

Entrega al Señor tus hijos, tu matrimonio, tus relaciones interpersonales y especialmente cualquier cosa por la que te sientas tentada a preocuparte: *echando toda vuestra ansiedad sobre él, porque él tiene cuidado de vosotros* (1 Pedro 5:7).

Para lograr tener éxito en ser nosotros mismos, debemos encomendarnos a Dios continuamente, entregándole aquellas cosas que parecen detenernos. Sólo Dios puede tratar adecuadamente ese tipo de situaciones.

En mi propia vida, me he dado cuenta de que mientras más trato de tomar las cosas en mis manos, más grande es el lío en mi vida después. Yo era muy independiente y encontraba muy difícil humillarme y admitir que necesitaba ayuda. Sin embargo, cuando por fin me entregué a Dios en esas áreas y encontré el gozo de echar mis cargas sobre Él, no pude creer cómo había vivido tanto tiempo bajo una presión tan grande.

La preocupación da lugar a la presión; la oración da lugar a la paz.

Puede que tú y yo tengamos un itinerario para que las cosas ocurran en nuestras vidas, y puede que encontremos que las cosas no ocurren según nuestro itinerario. Puede que nos decepcionemos al principio, pero lo mejor que podemos hacer es *entregarlo a Dios en oración*. Debemos soltarlo y entregarlo a Dios.

Todavía hay mucho por hacer en nuestras vidas antes de cumplir nuestro destino.

Cuando miro hacia atrás en mi vida, ¡no puedo creer todo lo que ha pasado!

Sólo Dios sabe lo que hay que hacer, y Él es el *único* capaz de hacerlo. Mientras más sinceramente nos entreguemos a Él, más progresaremos.

Ora la oración de compromiso a menudo. Recuerda que, cualquier momento, cualquier lugar, es un momento oportuno para orar.

## LA ORACIÓN DE CONSAGRACIÓN

El último tipo de oración, es la oración de consagración, la oración en que nos damos a nosotros mismos a Dios. En la oración de consagración dedicamos nuestras vidas y todo lo que somos a Dios.

Recuerdo haber estado sentada en una iglesia hace muchos años, escuchando el servicio. Era un domingo de misiones, y mientras sonaba el órgano y cantábamos una canción basada en Isaías, sentí en mi corazón que debía ofrecerme a Dios para Su servicio. Recuerdo que cantaba las palabras que todos estaban diciendo: "Aquí estoy, Señor... ¡Envíame a mí!"

Había cantado esas mismas palabras en otros domingos de misiones, pero esta era diferente. Algo incitaba mi corazón y mis emociones. Había lágrimas en mis ojos, y podía sentir que realmente estaba entregándome al Señor para que se cumpliera Su voluntad en mí.

A menudo recuerdo ese domingo. Nada sucedió de inmediato; de hecho no recuerdo que nada especial haya pasado durante años después de eso. Sin embargo, por alguna razón sé en mi corazón que el compromiso que hice con Dios ese domingo tuvo algo que ver con el llamado al ministerio que recibí años más tarde.

Para que Dios nos use, debemos consagrarnos a Él.

Todavía me consagro a Dios en oración regularmente. Digo: "Aquí estoy, Señor. Pertenezco a Ti; haz de mí lo que Tú quieras". Y a veces, agrego: "Espero que me guste lo que Tú elijas, pero aunque no me guste, hazlo igual; que se haga Tu voluntad y no la mía".

Cuando realmente nos consagramos a Dios, perdemos el peso de tratar de dirigir nuestras vidas. Prefiero seguir a Dios voluntariamente, en vez de luchar para que Él me siga a mí. Él sabe adonde va, y sé que alcanzaré mi destino si dejo que Él guíe.

Cuando dedicamos nuestros hijos al Señor, estamos, en efecto, entregándoselos para Sus propósitos. Estamos diciendo: "Señor, yo sé que tienes un propósito específico para estos niños, y quiero que hagas Tu voluntad en sus vidas. Los criaré para ti, no para mí, para tu propósito y voluntad y no la mía".

La consagración es algo poderoso, pero debe ser sincera. Es muy fácil cantar junto a todos los demás "Renuncio a todo", puede que nos sintamos conmovidos emocionalmente, pero la prueba verdadera está en la vida diaria cuando las cosas no resultan como pensábamos. En esos momentos debemos volver a cantar, "Renuncio a todo", consagrándonos a Dios nuevamente.

Consagración y/o dedicación a Dios es el aspecto más importante en tener éxito en ser nosotros mismos. Ni siquiera sabemos cómo debemos ser, quedémonos tranquilos y dispuestos a ser lo que sea. Sin embargo a medida que regularmente mantengamos nuestras vidas en el altar de consagración a Dios, Él hará el trabajo que se necesita en nuestras vidas, entonces Él puede hacer el trabajo que Él desea hacer *a través de* nosotros.

Recuerda que todos estos tipos de oraciones, son simples y no necesitamos complicarlos. Pueden ser usados fácilmente cuando los necesitemos en nuestra vida. Nunca debemos olvidar de hacer lo que Dios dice en Su palabra: *orando en todo tiempo* [en cada ocasión y [en cada estación] *con toda* [todo tipo] *oración y súplica en el Espíritu, y velando en ello con toda perseverancia y súplica por todos los santos* [el pueblo de Dios] (Efesios 6:18).

## BREVE Y SIMPLE ES MÁS PODEROSO QUE EXTENSO Y COMPLICADO

*Y orando, no uséis vanas repeticiones, como los gentiles, que piensan que por su palabrería serán oídos. No os hagáis, pues, semejantes a ellos porque vuestro Padre sabe de qué cosas tenéis necesidad, antes que vosotros le pidáis.*

Mateo 6:7,8

Creo que Dios me ha enseñado que debo hacer mis peticiones con pocas palabras. Al hacerlo, me doy cuenta de por qué me pidió hacerlo de esa forma. Me he dado cuenta de que si puedo mantener mis peticiones muy simples y no confundir el asunto por tratar de usar demasiadas palabras, mi oración parece más clara y poderosa.

Necesitamos gastar más energía liberando nuestra fe, y no repitiendo frases una y otra vez que sólo sirve para que la oración sea más extensa y complicada.

Me impresiona que como seres humanos estamos tan engañados en lo que respecta al valor de las cosas. Siempre pensamos que más es mejor, cuando en realidad nada puede estar más lejos de la verdad. A veces mientras más tenemos, menos lo apreciamos. Mientras más cosas tenemos para cuidar, menos las cuidamos. Casi siempre, más sólo trae confusión.

A veces me confundo acerca de lo que debo vestir cierto día para cierta ocasión. Tengo un amigo que es pastor en la India que no tiene ese tipo de confusión. Cuando abre su closet, sólo tiene un traje, entonces se lo pone y se va.

No estoy en contra de tener prosperidad, y tampoco estoy en contra de tener mucha ropa. La ropa es una de las cosas materiales de las cuales realmente disfruto en esta vida, y Dios me ha dado en abundancia. Sólo lo menciono para ilustrar mi punto.

A menos que usemos sabiduría y hagamos esfuerzos conscientes para mantener la vida simple, toda nuestra abundancia sólo servirá para traer confusión e infelicidad en vez de paz y gozo.

Realmente ha sido difícil para mí mantener mis oraciones breves y simples. No estoy promoviendo que oremos por breves períodos, si no que lo que estoy sugiriendo es que cada oración sea simple, directa, concentrada en el punto y llena de fe. Déjenme darles un ejemplo.

Si necesito perdón, puedo orar: "Señor, perdí la paciencia, y lo siento, te pido que me perdones, y te lo agradezco en el nombre de Jesús. Amén".

En cambio también podría decir: "Oh, Señor, soy tan desdichada. Me siento tan miserable. Me da la impresión de que no hago nada bien. No importa cuanto lo intente, siempre lo echo a perder y cometo errores. Perdí la paciencia, y ahora todos están enojados conmigo. Me he puesto en ridículo, y no sé qué voy a hacer. Tengo que dejar de enojarme.

"Lo siento tanto, Padre. Por favor perdóname. Oh, Dios, por favor perdóname. Por favor, Señor, te prometo que nunca lo volveré a hacer. Oh, Señor, me siento tan culpable. Me siento tan mal. Estoy tan avergonzada. No veo en qué forma Tú podrías usarme, Señor. Tengo tantos problemas.

"Bueno, Señor, todavía no me siento mejor, pero voy a tratar de creer que he sido perdonada".

Creo que estarán de acuerdo conmigo en que la primera oración sería más poderosa que la segunda.

Aquí hay otro ejemplo, una oración en progreso:

"Señor, estoy cansada de esperar progreso en mi vida. Necesito que intervengas en mis circunstancias o que me unjas para esperar. Confío en Ti, Señor, que responderás mi oración, y quiero que sepas que sea cual sea Tu respuesta, te amo".

Compare esa versión con la que presento a continuación:

"Señor, siento que ya no puedo esperar más para ver un cambio. Tengo que ver algo esta semana, Dios, o no podré soportarlo más. Escucho acerca del progreso de todos los demás, y siento que yo nunca progreso. Hace tanto tiempo que no recibo una bendición, y estoy cansada. Estoy fatigada. Estoy deprimida. Estoy desanimada. Estoy decepcionada. Quiero darme por vencida..."

[Debería detenerme en este punto en la oración y llorar por largo rato, y continuar orando.]

"...Dios, espero que me estés escuchando, porque realmente creo que no puedo seguir un día más así. No sé qué estoy haciendo mal. ¿Acaso, ya no me amas?

"¿Dónde estás, Señor? No puedo sentir Tu presencia. No Te veo en mi vida. No sé si estoy escuchando de Ti o no. Estoy confundida. Me siento peor ahora que cuando empecé a orar. ¿Qué tengo de malo? Ni siquiera sé si sé orar. ¿Padre, acaso no quieres ayudarme?"

Ustedes pueden pensar en otros ejemplos, pero creo que ya comuniqué mi punto.

Empecé a darme cuenta de que mi problema al orar era que no confiaba en que mi oración era válida si era breve, simple y directo al punto. Había caído en la misma trampa que muchas personas —en la mentalidad de "mientras más extensa, mejor". Sin embargo, después de orar, generalmente me sentía confundida e insegura, como si no hubiese cumplido con mi trabajo.

Ahora al seguir la dirección de Dios, para mantener mis oraciones simples y presentar mis peticiones con menos palabras, he experimentado mayor fe, y sé que Dios me ha escuchado y que me responderá.

Como dije anteriormente, confianza en la oración es vital para lograr el éxito en cualquier área. Sé realmente honesto contigo acerca de tu vida de oración, y haz cambios donde sean necesarios. Si no estás orando lo suficiente, ora más. Si tus oraciones son complicadas, simplifícalas. Si necesitas mantenerlas como un secreto entre Dios y tú, entonces deja de hablar acerca de ellas con todas las personas.

Lo mejor acerca de estar convencido de los errores en nuestra vida, es que después de reconocerlos podemos cambiar.

## ¿CUÁNTAS VECES DEBEMOS ORAR ACERCA DE LA MISMA COSA?

*Pedid, y se os dará; buscad, y hallaréis; llamad [con respeto], y [la puerta] se os abrirá. Porque todo aquel que pide, recibe; y el que busca, halla; y al que llama, [la puerta] se le abrirá.*

Mateo 7:7,8

Es difícil establecer una norma estricta, respecto de cuántas veces se debe orar por la misma cosa. He escuchado a algunas personas decir: "Ora reiteradamente hasta que sea una realidad". He escuchado decir a otros: "Si oras más de una vez por algo, entonces no crees que lo obtuviste la primera vez que oraste".

Yo creo que no podemos establecer una norma estricta, pero sí creo que hay algunas pautas que podemos seguir y que nos ayudarán a tener más confianza en nuestro poder de oración.

Si mis hijos me dijeran que sus zapatos están deteriorados, y me preguntaran si puedo comprarles unos nuevos, probablemente yo respondería: "Está bien, los compraré lo más pronto posible".

Yo querría que mis hijos confiaran en mí. Me gustaría que confiaran que voy a hacer lo que me pidieron. No me importaría, incluso me gustaría, si ellos ocasionalmente dijeran: "Mamá, estoy tan entusiasmado pensando en esos nuevos zapatos", o "estoy emocionado pensando en esos zapatos nuevos, mamá, voy a estar tan contento cuando los pueda usar". Cualquiera de esas dos declaraciones me comunican que ellos confían en que yo cumpliré lo que prometí. Ellos me estarán recordando de mi promesa, pero eso no es cuestionar mi integridad.

Por otro lado, si ellos vuelven una hora más tarde y vuelven a pedir lo mismo, puede que me enoje. Si ellos dijeran: "Mamá, mis zapatos están deteriorados, y te estoy pidiendo que me compres unos nuevos", yo pensaría: "ya te escuché la primera vez, y ya te dije que los compraré lo más pronto posible. ¿Cuál es tu problema?"

Creo que a veces cuando pedimos a Dios por las mismas cosas una y otra vez, es señal de duda y de incredulidad, no de fe y de persistencia.

Cuando pido al Señor algo en oración, y vuelvo a pensar en eso más tarde, hablo con Él de nuevo. Pero cuando lo hago, evito pedirle otra vez lo mismo como si yo pensara que no me escuchó la primera vez.

Cuando oro, le agradezco al Señor que Él está trabajando en la situación por la cual oré anteriormente. Pero no vuelvo atrás para orar una y otra vez lo mismo.

La oración de fe persistente, produce en nosotros más fe y confianza a medida que seguimos orando. Mientras más confiemos, mejor será para nosotros.

Por lo tanto, les pido que hagan cosas que fortalezcan su confianza, no cosas que la destruyan. Hagan cosas que honren a Dios, no cosas que lo deshonren.

En Mateo 7, Jesús nos dice que pidamos y que sigamos pidiendo y recibiremos. Nos dice que llamemos y que sigamos llamando y se nos abrirá, que busquemos y sigamos buscando y hallaremos.

Como ya dije, ese mensaje se refiere a la persistencia y no a la repetición. Debemos seguir adelante con firmeza y no rendirnos —si estamos seguros de que estamos buscando algo que es la voluntad de Dios. Definitivamente es la voluntad de Dios que tengamos éxito en ser nosotros mismos y encontrar la plenitud en ser lo que Él diseñó que fuéramos. Por lo tanto, la oración de fe persistente es un factor muy importante para el logro de esa meta.

## SÉ UN CREYENTE NO UN MENDIGO

> *Acerquémonos, pues, confiadamente al trono de la gracia [el trono de su favor no merecido hacia pecadores], para alcanzar misericordia [por causa de nuestras fallas] y hallar gracia para el oportuno socorro [ayuda apropiada en el momento preciso].*
>
> Hebreos 4:16

Cuando tú y yo oramos, debemos estar seguros de que nos estamos acercando a Dios como creyentes y no como mendigos. Recuerda, de acuerdo con Hebreos 4:16, debemos acercarnos con confianza al trono, no miserablemente, sino decididamente; no agresivamente, sino valientemente.

Asegúrate de mantener un equilibrio. Sé respetuoso, pero valiente.

Acércate a Dios con confianza. Cree que Él se deleita en tus oraciones y que está dispuesto a contestar cualquier petición que esté de acuerdo con Su voluntad.

Como creyentes, deberíamos conocer la Palabra de Dios; y cuál es Su voluntad; por lo tanto, debería ser fácil para nosotros orar según Su voluntad. No te acerques a

Dios preguntándote si lo que estás pidiendo es Su voluntad. Resuelve ese asunto en tu corazón *antes* de orar.

Hay momentos en que realmente no sé cuál es la voluntad de Dios en determinado asunto, y se lo digo cuando oro. En esos casos simplemente oro que se haga Su voluntad.

En cualquier caso, deberíamos orar con valentía y confianza.

## ¡CREE QUE DIOS TE ESCUCHA!

> *Y esta es la confianza [la certeza, el privilegio de la valentía] que tenemos en él, que si pedimos alguna cosa conforme a su voluntad [de acuerdo con Su plan], él nos oye. Y si sabemos que él nos oye en cualquiera cosa que pidamos, sabemos [con certeza absoluta] que tenemos las peticiones que le hayamos hecho.*
>
> 1 Juan 5:14,15

*¡Cuando oras, cree que Dios te escucha!*

En Juan 11:41,42 justo antes de que llamara a Lázaro a salir de la tumba, Jesús oró:

> *...Padre, gracias te doy por haberme oído. Yo sabía que siempre me oyes; pero lo dije por causa de la multitud que está alrededor, para que crean que tú me has enviado [que me has hecho Tu mensajero].*
>
> Juan 11:41,42

¡Qué confianza! Para los fariseos debe haber parecido un espíritu altanero. Su respuesta debe de haber sido: "¿Quién se cree que es?"

Tal como Satanás no quería que Jesús tuviera ese tipo de confianza, tampoco quiere que nosotros tengamos ese tipo de confianza. Pero yo te animo una vez más antes de terminar este libro:

*¡Ten confianza!*

Decide que eres un creyente y no un mendigo. Dirígete al trono en el nombre de Jesús —¡Su nombre llamará la atención!

Yo no soy tan famosa como Jesús, pero a la gente le gusta usar mi nombre. A mis empleados les gusta decir: "Yo trabajo para Joyce Meyer", a mis amigos les gusta decir: "yo conozco a Joyce Meyer", a mis hijos les gusta decir: "Joyce Meyer es mi madre". Especialmente les gusta decirlo cuando quieren obtener favor de alguien, y piensan que ellos les darán más favor si mencionan mi nombre.

Si eso funciona entre nosotros como seres humanos, imagina lo bien que funcionará en el reino celestial —especialmente cuando usamos el nombre que es sobre todo nombre— ¡el bendito nombre de Jesús! (Filipenses 2:9-11).

Sigue adelante con valentía. Sigue adelante en el nombre de Jesús. Sigue adelante con confianza, y decidido a tener éxito en ser tú mismo.

&

# Conclusión

# CONCLUSIÓN

**Para** resumir el punto más importante de todo este libro, permíteme decir al final: *nunca te sentirás realizado en la vida hasta que logres ser tú mismo.*

Jesús murió para que pudieras ser libre de compararte con otros, y libre de vivir con la tortura de imitarlos.

En su libro, *Santificación*, Charles Finney escribió, "...la santificación no se puede lograr con el esfuerzo de copiar la experiencia de otros. Es muy común entre pecadores convencidos de su pecado, o entre cristianos que están buscando la santificación completa, que en su ceguera, pidan a otros que relaten sus experiencias, con el fin de notar cada detalle de sus ejercicios, y después orar y hacer esfuerzos directos, para lograr los mismos ejercicios, sin entender que no pueden tener exactamente los mismos sentimientos que otra persona, tal como no pueden tener la apariencia física de otra persona.

"Las experiencias humanas son diferentes, tal como las caras son diferentes. La historia entera de un hombre modifica su experiencia actual y futura, de tal manera que los sentimientos que resultan en tu caso, y que de hecho ocurrirían si fueras santificado, no coinciden con los ejercicios de ningún otro ser humano. Es de suma importancia entender que no puedes copiar ninguna experiencia religiosa, y que estás en gran peligro de ser decepcionado por Satanás cuando intentas copiar la experiencia de otros. Yo te ruego, por

> Y el mismo Dios de paz os santifique por completo [te separare de las cosas profanas, y te purifique y te consagre totalmente a Dios]; y todo vuestro ser, espíritu, alma y cuerpo, sea guardado [y encontrado] irreprensible para la venida de nuestro Señor Jesucristo.
>
> **1 TESALONICENSES 5:23**

lo tanto, que dejes de pedir en oración la experiencia precisa de alguien".[1]

Charles Finney vivió y ministró en el siglo diecinueve. Al enseñar la Palabra de Dios casi 150 años después, me anima saber que el mensaje es todavía el mismo.

La santificación, por supuesto, es el estado perfecto de santidad y se alcanza en grados, a través de la obra del Espíritu Santo en nuestras vidas.

El diccionario, *Vine's Complete Expository Dictionary of Old and New Testament Words*, dice que la santificación es "separación hacia Dios,... la separación del creyente de sus cosas malas y de sus caminos malos. Esta santificación es la voluntad de Dios para creyentes... y Su propósito en llamarlo por el evangelio ... debe ser aprendido de Dios ... mientras la enseña en Su Palabra ... y debe ser buscada por el creyente, sinceramente y sin vacilar... para el carácter santo ... no es vicaria, es decir, no se puede transferir o imputar, es una posesión individual, construida de a poco como el resultado de la obediencia a la Palabra de Dios, y de seguir el ejemplo de Cristo ... en el poder del Espíritu Santo".[2]

No somos santificados por seguir el ejemplo de otra persona, sino solamente por seguir el ejemplo de Cristo. Una parte de esta santificación o perfección debe ser el cumplimiento de nuestros destinos particulares, porque ¿cómo podemos ser santificados si estamos fuera de la voluntad de Dios para nuestras vidas, o si estamos agachados con miedo, con duda, con rechazo propio, y sin fe?

Charles Finney dice que la santificación no puede lograrse copiando a otra persona. Estoy de acuerdo, y también digo que ninguno de nosotros tendrá éxito en ser nosotros mismos, ninguno de nosotros estará libre y será capaz de disfrutar de su vida, si estamos copiando a otro individuo.

Mi intención, cuando empecé este proyecto, que ha requerido varios cientos de horas de mi tiempo en su preparación, fue ayudarte a tener éxito en ser tú mismo. Creo que he logrado mi objetivo en la mejor forma que puedo hacerlo.

¡Qué Dios te bendiga ricamente al seguir adelante hacia el llamamiento noble de ser todo lo que puedes ser! ¡Qué esto sea una realidad para ti, en Cristo, a través de Cristo, por medio de Cristo, y para Cristo!

## ORACIÓN PARA TENER UNA RELACIÓN PERSONAL CON EL SEÑOR

Dios desea que recibas gratis Su regalo de la salvación. Lo que más desea Jesús es salvarte y llenarte del Espíritu Santo. Si nunca has invitado a Jesús, el Príncipe de Paz, a ser tu Señor y Salvador, te invito a hacerlo ahora. Ora esta oración, y si lo haces sinceramente, experimentarás una vida nueva en Cristo.

*Padre:*

*Tú amaste tanto al mundo que diste Tu Hijo unigénito, para que muriera por nuestros pecados, para que todo aquel que cree en Él, no se pierda, sino que tenga la vida eterna.*

*Tu Palabra dice que somos salvos por gracia, por medio de la fe, como un regalo Tuyo. No hay nada que hacer para ganar la salvación.*

*Yo creo, y confieso con mi boca, que Jesucristo es Tu Hijo, el Salvador del mundo. Creo que murió en la cruz por mí, y que llevó todos mis pecados, pagando el precio por ellos. Creo en mi corazón que Tú resucitaste a Jesús de entre los muertos.*

*Te pido que perdones mis pecados. Confieso que Jesús es mi Señor. Según Tu Palabra, ¡soy salvo y pasaré la eternidad contigo! ¡Gracias, Padre! ¡Estoy tan agradecido! En el nombre de Jesús, ¡Amén!*

Ver Juan 3:16; Efesios 2;8,9; Romanos 10:9,10; 1 Corintios 15:3,4; 1 Juan 1:9; 4:14-16; 5:1,12,13.

# NOTAS

## Introducción

1. Dios restaurará nuestra alma. David dice en el Salmo 23:1,3: *El Señor es mi pastor...restaurará mi alma.* Vemos en Lucas 4:18 que Jesús fue enviado a traer restauración a nuestras vidas. *El Espíritu del Señor está sobre mí, por cuanto me ha ungido para dar buenas nuevas a los pobres; me ha enviado a sanar a los quebrantados de corazón; a pregonar libertad a los cautivos, y vista a los ciegos; a poner en libertad a los oprimidos...*

## Capítulo 1

1. *Webster's II New College Dictionary* (Boston/New York: Houghton Mifflin Company, 1995), "accept".
2. Webster's II, s.v. "acceptance".

## Capítulo 2

1. Basado en una definición de James Strong, "Hebrew and Chaldee Dictionary", en *Strong's Exhaustive Concordance of the Bible*, (Nashville: Abingdon, 1890), p. 58, #3810, "Lo-debaar", 2 Samuel 9:4 - s.v. "pastureless".

## Capítulo 6

1. *American Dictionary of the English Language,* Edición 10 (San Francisco: Foundation for American Christian Education, 1998). Facsímil del diccionario de Noah Webster, edición 1828, con permiso de G. & C. Merriam Company, ©1967 & 1995 (Renovados) por Rosalie J. Slater, s.v. "Possible".
2. Webster's, edición 1828, s.v. "possibility".

3. *Houston Chronicle*: Knight-Ridder Tribune News, "After 100 years, things are jelling nicely", 4 de marzo, 1997, p. 1C; David Lyman, Knight-Ridder Tribune News, "Colorful dessert marks first century/100 years of Jell-O", 16 de abril de 1997, p. 1F, con permiso de Knight Ridder/Tribune Information Services; Associated Press, "Family got little dough in gramps' Jell-O sale in '99", 18 de mayo de 1997, p. 2D; como el reporte en *In Other Words* ... (6130 Barrington, Beaumont, Texas 77706), *The Christian Communicators' Research Service* 7, n. 3, "Patience".

4. (Tulsa: Harrison House, 1995), p. 227

5. W.E. Vine, *Vine's Complete Expository Dictionary of Old and New Testament Words* (Nashville: Thomas Nelson Inc., 1984), "An Expository Dictionary of New Testament Words", p. 462, s.v. "patience, patient, patiently", A. Nouns, HUPOMONE.

**Capítulo 8**

1. Strong, "Greek Dictionary of the New Testament", p. 77, # 5485, s.v. "favor" y "grace".

2. Webster's, edición 1828, s.v. "mercy".

**Capítulo 9**

1. El párrafo es de *Enjoying Where You Are on the Way to Where You Are Going* (Tulsa: Harrison House, 1996), p. 40.

**Capítulo 10**

1. Vine, p. 468, s.v. "PERSECUTE, PERSECUTION", A. Verbss, DIOKO.

2. Un talento era una medida grande. "Un talento aparentemente era un peso grande para un hombre fuerte (2 Reyes 5:23)". Merril F. Unger, *The New Unger's Bible Dictionary*, ed. R.K. Harrison, (Chicago: Moody Press, 1988), p. 844, s.v. "Talent".

## Capítulo 11

1. Strong, "Greek Dictionary", p. 40, #2631, s.v. "condemnation". Romans 8:1.

2. Vine, p. 119, s.v. "CONDEMN, CONDEMNA-TION", B. Nouns., KRIMA.

3. Strong, "Greek Dictionary", p. 39, #2607, s.v. "condemn", 3 Juan 3:20,21.

4. Strong, "Greek Dictionary", p. 40, #2632, s.v. "condemn", Mateo 12:41.

5. Strong, "Greek Dictionary", p. 40, #2613, s.v. "condemn", Lucas 6:37.

6. Strong, "Greek Dictionary", p. 43, #2919, s.v. "condemn", Juan 3:17.

7. Vine, pp. 229, 230, s.v. "FEAR, FEARFUL, FEAR-FULNESS", A. Nouns., 1. PHOBOS.

## Conclusión

1. Charles Finney, *Sanctification* (Fort Washington, Pennsylvania: Christian Literature Crusade, 1994), p. 15.

2. Vine, pp. 545, 546, s.v. "SANCTIFICATION, SANCTIFY", A. Noun., HAGIASMOS.

# ACERCA DE LA AUTORA

Joyce Meyer ha enseñado la Palabra de Dios desde 1976 y como ministerio a tiempo completo desde 1980. Es pastor asociado de Life Christian Center en St. Louis, Missouri, ella ha desarrollado, coordinado y hablado en reuniones conocidas como "Life In the Word" (Vida en la Palabra). Después de más de cinco años, el Señor la dirigió a establecer su propio ministerio y llamarlo "Life In the Word, Inc.".

El programa de radio y televisión de Joyce "Life In The Word" es escuchado y visto a través de los Estados Unidos y el mundo. Sus cintas de enseñanzas son disfrutadas internacionalmente. Ella viaja extensamente conduciendo las conferencias "Life In the Word".

Joyce y su esposo Dave, administrador de "Life In the Word", han estado casados por 32 años y son padres de cuatro hijos, todos casados. Ellos y sus cónyuges trabajan con Joyce y Dave en el ministerio. Joyce y Dave residen en Fenton, Missouri, un las afueras de St. Louis.

Joyce cree que su llamado es a establecer a los creyentes en la Palabra de Dios. Ella dice: "Jesús murió para liberar a los cautivos y que muy pocos cristianos tienen victorias en sus vidas cotidianas". Encontrándose ella en la misma situación hace algunos años, y hallando la libertad para vivir en victoria aplicando la Palabra de Dios, Joyce está equipada para liberar a los cautivos y ayudarles a encontrar "Belleza en lugar de ceniza".

Joyce ha hablado en emocionantes reuniones de sanidad a través de todo el continente, ayudando a cientos de miles. Ella ha grabado más de 185 diferentes álbumes de audiocasetes y es autora de 34 libros (muchos de ellos publicados en español) para ayudar al cuerpo de Cristo en diferentes tópicos.

Los libros publicados en español a través de Editorial Carisma incluyen: "Espera un mover de Dios... repentinamente", "Hazlo con temor: Obedeciendo a Dios a pesar del miedo"., "La decisión más importante nunca antes hecha", "Sanidad para el corazón herido", "Belleza en lugar de ceniza" y "El campo de batalla de la mente". Solicítelos en su librería cristiana favorita.

Para ponerse en contacto con la autora escriba a:

Joyce Meyer
Life In The Word, Inc.
P.O. Box 655
Fenton, Missouri 63026
Teléfono (314) 349-0303.

Envíe su testimonio o una nota sobre la ayuda recibida de este libro. Sus pedidos de oración son bienvenidos.